Feng Shui

HARMONIE IM GANZEN HAUS

Praktische und wirkungsvolle Ideen

Sarah Shurety

Weltbild

Vor allem möchte ich meiner Schwester Elizabeth und meiner hochgeschätzten Familie danken – wozu ich auch meinen besten Freund Rowland zähle –, sowie all den vielen Menschen, die in mein Leben traten und mir die verschiedenen Facetten von Feng Shui nahebrachten.

Mein besonderer Dank geht an Jane Alexander und alle anderen im Verlag Random House, die mir dabei geholfen haben, die Lehre des Feng Shui in die Welt zu tragen. Ein besonderes Dankeschön an Mandy Francis und Paul Woolfenden.

Dieses Buch möchte ich dem Gedächtnis an all die Meister des Feng Shui widmen, die während der Kultur-Revolution in China gestorben sind.

Genehmigte Lizenzausgabe für Verlagsgruppe Weltbild GmbH,
Steinerne Furt, 86167 Augsburg

Coverabbildung oben rechts: Stone, Victoria Pearson
Aus dem Englischen von Michael Koulen
Redaktion: Achim Mantscheff, Books & Bagels, Köln – Amsterdam
Gesamtherstellung: aprinta Druck GmbH & Co. KG,
Senefelderstraße 3–11, 86650 Wemding

Printed in Germany

ISBN 3-8289-2455-7

2007 2006 2005 2004
Die letzte Jahreszahl gibt die aktuelle Lizenzausgabe an.

Inhalt

Erster Schritt:
Grundlagen des Feng Shui 5

Einführung 7
Was ist Feng Shui? 8
Unordnung 14
Das Bagua 18

Zweiter Schritt:
Feng Shui anwenden 31

Das Tor zur Welt 32
Wohnzimmer 44
Küchen 50
Eßzimmer 56
Schlafzimmer 62
Kinderzimmer 76
Badezimmer 82
Arbeitszimmer 88
Der Garten 94
Das neue Haus 100

Dritter Schritt:
Feng Shui verfeinern 107

Neun elementare Heilmittel 108
Reinigung 126
Die Richtungen 132
Die Planeten 136
Bildnachweis 139

Grundlagen des Feng Shui

Einführung

Kennen Sie das? Man lebt zufrieden und glücklich in einem schönen Haus oder einer angenehmen Wohnung, dann zieht man um oder läßt das Gebäude erweitern – und schon geht alles schief. Denken Sie zum Beispiel an Ihr gegenwärtiges Heim. Schließen Sie die Augen und stellen Sie es sich vor: Welche Gefühle stellen sich dabei ein? Ihr Haus, Ihre Wohnung sind eine Erweiterung Ihres Selbst und Ihrer Gefühle; daher geben sie auch einen bestimmten Eindruck davon, wie es derzeit um Ihr Leben steht.

Sie haben Ihr Haus und alles darin, von den Teppichen bis zu den Bildern, selbst ausgewählt. Gibt es irgendwo eine dunkle, unordentlich vollgestopfte Ecke? Wenn ja, dann hat diese Ecke eine Beziehung zu einem Aspekt Ihres Selbst, der ebenfalls dunkel und unaufgeräumt ist: Ihr Heim ist ein ständig sich wandelnder Spiegel Ihres Lebens; mit allen Veränderungen Ihres Hauses verändern Sie sich selbst – und vice versa.

Jeder Mensch besitzt sein ureigenstes Energiefeld – und doch sind diese Felder miteinander verbunden; alles in unserer Umgebung, ob belebt oder nicht, nimmt Einfluß auf uns. Es ist Ziel und Kunst des Feng Shui, all diese Energien ins Gleichgewicht und in Einklang mit dem Universum zu bringen, so daß innere und äußere Energien des Umfelds möglichst unterstützend auf uns wirken.

Das Feng Shui ist vor gut 3000 Jahren in China entstanden, wo es jedoch durch eine seltsame Wendung des Schicksals seit den 50er Jahren offiziell verboten ist. Mao Tse-tung hatte befohlen, die Kunst des Feng Shui zu vernichten, und ließ alle Manuskripte, derer man habhaft werden konnte, zerstören und die Feng Shui Meister inhaftieren und bestrafen. Trotz aller Bemühungen des Großen Vorsitzenden hat das Feng Shui jedoch überlebt und wird auch heute noch in ganz China – wenn auch sehr diskret – praktiziert. In anderen Ländern Asiens spielt Feng Shui nach wie vor eine wichtige Rolle. Als westliche Unternehmen Niederlassungen in Hong Kong, Singapur und bestimmten Teilen von Malaysia gründeten, mußten sie den Rat erfahrener Meister einholen: Einheimische Angestellte weigerten sich einfach, in Gebäuden zu arbeiten, die nicht von Feng-Shui-Beratern geprüft waren. Europäer und Amerikaner lernten allmählich, die Vorzüge dieser Kunst zu schätzen, und so hat sich die Lehre inzwischen verbreitet. Mit Hilfe dieses Buchs werden auch Sie entdecken, wie sich Gesundheit, Wohlstand und Freude in Ihrem Heim und Ihrem Leben fördern lassen.

Spiegel erzeugen eine eigene Realität, da sie zusätzliche Energie in einen Raum reflektieren. Vorsicht mit getönten Spiegeln: Sie verlangsamen die Energie!

Was ist Feng Shui?

Die Trigramme des I Ging

Kan, das Wasser

Kun, die Erde

Dschen, der Donner

Sun, der Wind

Kiën, der Himmel

Dui, der See

Gen, der Berg

Li, das Feuer

Die wörtliche Übersetzung von Feng (ausgesprochen: »Fung«) Shui lautet »Wind und Wasser«. Alles begann vor langer Zeit mit einer Schildkröte. Vor ungefähr 5000 Jahren saß ein mächtiger Herrscher namens Fu Hsi am Ufer des Flusses Lo in der Sonne, als er bemerkte, wie eine Schildkröte bedächtig ans Ufer kroch. Die Schildkröte symbolisiert das Universum. Ihr gewölbter Rücken bildet den Himmel, der Panzer mit seiner Zeichnung stellt die Planeten und Sternbilder dar. Ihr Bauch entspricht der Erde, und insgesamt bewegt sich die Schildkröte so durch das Wasser, wie das Land von den großen Ozeanen umgeben ist. Neben Einhorn, Phoenix und Drache ist die Schildkröte mit ihrer ungeheuren Lebensspanne das vierte »spirituell begabte« Wesen. Sie gilt als Symbol für Stärke, Geduld, langes Leben und Weisheit.

Während Fu Hsi mit derartigen Gedanken die Schildkröte betrachtete, fiel ihm die besondere Zeichnung ihres Panzers auf. Im Licht der Sonne schien sich das Muster zu verändern, und Fu Hsi erkannte die Linien der aus dem I Ging bekannten Trigramme. Aus diesen Trigrammen bildete er das magische Quadrat Lo Shu oder Bagua, das im Feng Shui über den Plan eines Grundstücks gelegt wird, um herauszufinden, welche Gebäudeteile mit welchen Lebensaspekten korrespondieren (vgl. S. 18 – 29).

In den ersten zwei bis drei Jahrtausenden wurde das Feng Shui vor allem dazu verwandt, die Anlage von Gräbern zu bestimmen: von der Wahl eines günstigen Termins für das Begräbnis bis zur Lage und Ausrichtung des Grabs. In damaligen Zeiten brauchten die Lebenden noch keine Ratschläge zum Feng Shui ihrer Wohnhäuser, da sie noch in engem Kontakt mit Jahreszeiten und Natur lebten. Sie wußten intuitiv, an welchen Stellen man keine Häuser errichten sollte.

Wir modernen Menschen haben uns so abgekapselt, daß unsere Intuition schwach geworden ist und wir nicht mehr verstehen, wie das Universum funktioniert. Wir alle kennen Zeiten, wo man im Winter bei Dunkelheit aufsteht, den ganzen Tag bei künstlicher Beleuchtung arbeitet, nur um abends – wieder im Dunkeln – heimzukommen, ohne während des ganzen Tages etwas Grünes gesehen zu haben. Dadurch kann jede Intuition so aus dem Gleichgewicht geraten, daß man schließlich glaubt, es müsse doch herrlich sein, in einem Haus auf einer steilen Klippe mit weitem Blick aufs Meer zu wohnen. Weniger herrlich ist allerdings die recht hohe Wahrscheinlichkeit, daß dieses Haus irgendwann einmal »ins Meer kippt« – normalerweise würde der gesunde Menschenverstand uns vor derartigen Träumereien warnen.

Man sagt, daß ein Teil der Seele namens »Po« noch mindestens vier Jahre nach dem Ableben in der Nähe der sterblichen Überreste verweilt. Besondere Bedeutung haben die Knochen. Man schreibt ihnen Schwingungen ähnlich wie Kristallen zu. Knochen sind genetisch individuell, so daß ihre wissenschaftliche Untersuchung verwandschaftliche Beziehungen nachweisen kann. Die Chinesen glauben, daß man mit seinen Vorfahren über sieben Generationen hinweg verbunden bleibt, und wenden daher besondere Sorgfalt auf die Lage der Grabstätte.

Vielleicht läßt sich diese Art von Verbindung vorstellen, wenn Sie an Ihre Mutter denken. Ist sie sehr besorgt oder unglücklich, fühlen Sie selbst sich auch nicht gut. Geht es ihr besser, fühlen auch Sie sich wieder wohler. In der Bibel wird auf diese Verbindung Bezug genommen, wenn es heißt, daß »die Sünden der Väter über die Söhne kommen werden sieben Generationen lang«. Damit ist nicht etwa die Sünde des Stehlens gemeint, sondern das Vergehen, sich nicht genug um die eigene seelische Entwicklung gekümmert zu haben, so daß beim Ableben nicht genügend Energie versammelt ist, die nächste Ebene zu erreichen. Und wenn einer unserer Vorfahren unglücklich »steckengeblieben« ist, sind auch wir betroffen. Haben Sie ein Kind? Ist Ihnen aufgefallen, daß Sie irgendwie spürten, wann es sich in seinem Bettchen verdreht hatte und Sie brauchte, oder wenn in der Schule irgendwas schiefgelaufen war? Oft spricht man dann vom »sechsten Sinn«. Selbst wenn das Kind groß wird, bleibt ein Gefühl dafür, wie es ihm geht. Das Feng Shui geht davon aus, daß Sie auch eine Verantwortung für die sieben kommenden Generationen haben. Sind Sie selbst beispielsweise kinderlos, haben aber Nichten und Neffen, dann sind Sie in gewisser Weise auch für sie verantwortlich – ihr Gück bleibt Ihnen verbunden. Wer sich um seine Familie kümmert, kümmert sich um sich selbst. Weicht irgendein Familienmitglied vom Weg ab, sind wir mit betroffen.

Seit über 3000 Jahren wird in China die Lage von Gebäuden und Grabstätten mit Feng Shui bestimmt. Dieser chinesische Tempel hat einen schützenden Berg im Rücken.

Die Kräfte der Erde

Gewöhnlich findet sich unter den Hilfsmitteln eines Feng-Shui-Meisters oder Feng Shui Hsien-Sheng ein Gerät namens Luo Pan: ein Kompaß. So heißt eine Schale, in der man angeblich alle Dinge der Welt sehen kann. Anfangs bestand dieser Kompaß nur aus einem magnetisierten Steinbrocken mit einem eisernen Löffel, wobei der Griff nach Norden wies, die Löffelhöhlung nach Süden, um den Kurs der Sonne zu bestimmen. Als die Chinesen den Kompaß erfanden, nannten sie ihn »den Wagen, der nach Süden zeigt«. Ein Luo Pan besteht aus vielen Ringen. Die beiden obersten sind mit den Trigrammen des I Ging beschriftet. Ein Luo Pan wird nach genau definierten Größenverhältnissen hergestellt und spielt eine wichtige Rolle bei der Bekämpfung einer schlechten oder bedrohlichen Energieform namens Sha.

Berge versorgen ihre Umgebung mit bestimmten, sehr kraftvollen Energieformen.

Beginnt ein Feng-Shui-Meister mit seiner Arbeit, dann untersucht er als erstes das Terrain. Er prüft, welche Zonen im Winter feucht werden, in welche Richtung die Bäume wachsen (um die vorherrschende Windrichtung festzustellen), wo das Gras besonders grün ist. Er schaut nach Bergen und Flüssen, Fließrichtungen und Flutmarken. Im Innersten der Erde brodelt ein magnetischer Kern aus geschmolzenem Eisen. Von ihm strahlen starke Energiefelder ab, die als Drachenadern – oder »Ley Lines« – bekannt sind. Berge sind ein Ergebnis starker Kräfte, die sich aus dem tiefen Erdinnern ihren Weg nach oben bahnen. Im Laufe der Zeit werden diese Kräfte schwächer, und unter dem Einfluß des Wetters werden Berge zu Hügeln und sanften Hochebenen. Anhand der Gestalt eines Berges und seines Alters kann ein Feng-Shui-Meister erkennen, welche Art von Energie sie ausstrahlen. Je höher die Berge, desto stärker die Drachenadern. Ihre Energie ist in ständiger Bewegung, sucht sich immer neue Bahnen und prägt das gesamte Energiefeld der Erde.

Im elektrischen Feld der Ley Lines und in den Energiefeldern der Lebewesen bewegen sich Geister. Ein Feng-Shui-Meister kann die spezielle Energie jeder Drachenader erkennen und so die beste Verwendung jeder Parzelle bestimmen. Bei Baugrundstücken kann er die günstigste Lage für den Eingang, das Schlafzimmer und alle anderen Räume bestimmen. Ein Meister erspürt die Energien, indem er auf dem Gelände umhergeht und seinen Körper als Kompaß benutzt. Eigentlich machen wir alle es so. Ich bin sicher, daß auch Sie schon in ein Haus gekommen sind und dachten: »Wie hübsch, wie gemütlich ist es hier« – oder haben sich in einem anderen Haus überhaupt nicht wohlgefühlt. Dabei nutzen Sie Ihre Sinne, um die Atmosphäre zu erfühlen. Diese Sinne lassen sich verfeinern, um festzustellen, wie jeder Raum Ihres Hauses seine eigene Stimmung hat. Oft hat man ja ein Lieblingszimmer zum Zeitunglesen und ein anderes, um Besuch zu empfangen. Ein Feng-Shui-Meister hat seine Sinne durch intensive Übung einfach so weit verfeinert, daß er bereits bei der Begehung einer Landparzelle die verschiedenen Energien aufsteigen fühlt.

Chi in seinen verschiedenen Formen

Für ein besseres Verständnis von Feng Shui müssen wir uns zunächst mit den verschiedenen Formen von Chi oder Energie beschäftigen. Wie schon erwähnt, hat alles ein eigenes Energiefeld, das mit anderen in Verbindung steht. Entsprechend hat alles seine Fließtendenz, wie ein Fluß, den es unaufhaltsam ins Meer zieht. Folgen wir dem Fluß, kommen wir gut und leicht voran. Versuchen wir, entgegen der Strömung zu segeln, wird das Leben deutlich schwieriger. Entsprechend ausgeglichen sind wir, wenn wir unsere richtige Position im Universum finden. Dann fließen wir mit dem mächtigen Wirken der Natur, zum Wohle von Gesundheit, Wohlstand und geistigem Befinden. Umgekehrt gilt ebenfalls: Kommen wir in bezug auf die natürlichen Rhythmen des Universums aus dem Tritt, kann sich unser Leben in einen andauernden Kampf verwandeln – genau wie bei einem Boot, das gegen eine starke Flußströmung ankämpft.

Das Chi des Himmels

Hierunter versteht man das Chi der Sternzeichen. Die Energie des Vollmondes wirkt belebend – eine Vollmondparty zum Beispiel entwickelt bekanntlich mehr Schwung. Die Mondenergie beeinflußt auch den Zyklus der Frau. Stehen die Planeten in bestimmten Konstellationen zueinander, kann das Wetter ungewöhnliche Erscheinungen produzieren, können Wale auf den Strand getrieben werden, beginnen Zugvögel ihre Wanderung, und Menschen wie Insekten führen sich seltsam auf.

Künstliches Chi

Als Menschen erzeugen wir auch bestimmte Formen von Chi. In einem Gebäude mit Isolierfenstern und Klimaanlage, mit vielen Elektrogeräten, synthetischen Teppichböden und Tapeten ist ein bestimmter negativer Einfluß zu spüren. In einem Ambiente mit kleinem Springbrunnen, vielen Pflanzen, einem offenen Kamin und Landschaftsblick werden Sie sich sicherlich anders fühlen.

Tierisches Chi

Setzen Sie in einem Raum eine Maus aus, und beobachten Sie, wie sie hektisch hin und her huscht. Spüren Sie, wie sich Ihr Pulsschlag beschleunigt und Ihre Energie beginnt, Schwingungen des kleinen, doch sehr intensiven Energiefeldes der Maus aufzunehmen? Entsprechendes gilt für eine Schildkröte. Spaziert so ein Tier gemächlich im Garten umher, kann dies auf den Betrachter eine ungemein beruhigende Wirkung ausüben.

Das Chi des Landes

Je nachdem, wo Sie auf dieser Welt leben, wird Ihr Temperament in ganz bestimmter Weise geprägt. Kaltes, graues Klima erzeugt Menschen von kühlerem Charakter. Ihre Energie bewegt sich langsamer, und Eigenschaften wie Depressivität (das Gegenteil von ausdrucksvoller Expression), Sturheit (das Gegenteil von Beweglichkeit) und Stetigkeit sind häufiger anzutreffen. Menschen in heißen oder tropischen Zonen mit plötzlichen Wetterwechseln sind häufig leichter erregbar, leidenschaftlicher und extrovertierter als Bewohner gemäßigterer Zonen.

Auch Städte und Dörfer haben ihr eigenes Chi. Selbst einzelne Stadtteile können die Zunahme bestimmter Berufsgruppen fördern, aber das Entstehen anderer Gewerbezweige behindern.

Das Chi der Vorgänger

Beinahe jeder kennt das Beispiel eines Ladens, der ständig den Besitzer wechselt und immer wieder neu eröffnet, womöglich stets auch mit neuem Geschäftskonzept. Doch ganz gleich, wie enthusiastisch die neuen Inhaber ans Werk gehen, nach einer gewissen Zeit scheitert das Unternehmen. Die Geschichte wiederholt sich auch deshalb, weil sämtliche ein- und ausziehenden Vorgänger im Laufe der Zeit einen bestimmten Energie-Abdruck aufgebaut haben. Wer neu einzieht, absorbiert allmählich Spuren dieses Chi. Die Tendenz zur Wiederholung ist gesetzt. Das Schicksal der früheren Inhaber ist ein Hinweis darauf, was einem selbst möglicherweise zustößt. Hatte das Vorgänger-Chi eines Gebäudes zum Beispiel wiederholt

Die Spuren der Vergangenheit

Ein Hund läuft davon. *Ich war zu einer Konsultation in Hampstead. Eine junge Mutter öffnete die Tür, und ein süßer schwarzer Hund drängelte sich an uns vorbei hinaus. Drinnen herrschte eine Atmosphäre fröhlicher Unordnung. Die Familie fühlte sich wohl in diesem Haus. Einige Jahre später wurde ich wieder in das gleiche Haus eingeladen. Wieder öffnete eine junge Mutter, diesmal allerdings war es ein gelber Labrador, der plötzlich aus dem Haus schoß und das Weite suchte. Auch diesmal herrschte dieselbe fröhlich-unordentliche Stimmung, und auch diese Familie erwartete Nachwuchs.*

John. *In einer Wohnung lebte seit zehn Jahren ein Mann namens John. Ursprünglich war er mit seiner Frau dort eingezogen, doch nach ihrer Trennung allein dort geblieben. Sein Vorgänger hatte dort nach kurzem Zusammenleben mit seiner Frau ebenfalls viele Jahre für sich gewohnt. Nach John zog ein junges Paar zog ein; innerhalb eines halben Jahres gab es Streit, doch diesmal zog der Mann aus.*

mit Brandkatastrophen zu tun, droht auch dem Nachfolger von dieser Seite Gefahr. Möchte man sein Haus oder seine Wohnung vom ungünstigen Chi der Vorgänger befreien, helfen oft schon einfache Heilmittel (vgl. S. 108 - 126). Auch die energetischen Schwingungen des Gebäudes, welche die Kette von Streß und Depression vielleicht verursacht haben, lassen sich reinigen (vgl. S. 126 - 129).

Die Feng-Shui-Beratung

Zwar gibt es unterschiedliche Schulen des Feng Shui, doch wird jede Beratung vermutlich zunächst mit einer Besprechung Ihrer jeweiligen Absichten und Probleme beginnen. Der Berater erkundigt sich, wann das Haus erbaut wurde, wann Sie eingezogen sind, und aus welcher Richtung Sie dabei kamen. Er fragt nach der Geschichte des Hauses – dem Chi der Vorgänger – und danach, wie lange Sie selbst zuvor an welchem Ort gelebt haben. Wenn Sie einen Umzug planen, kann der Berater Ihnen Hinweise geben, welche Himmelsrichtung und welcher Zeitraum dabei für Sie besonders günstig sind. Auch vor wichtigen Reisen kann ein Feng-Shui-Berater Ihnen günstige Termine und Reiserichtungen empfehlen. Er kann Sie warnen, in welchem Jahr Ihre Intuition weniger verläßlich ist, und Sie daher mit Aktivitäten zurückhaltend sein sollten. Und er kann Ihnen sogar glückverheißende Termine für Hochzeit, neue Geschäfte oder ein neues Projekt nennen. Dann untersucht der Berater das Terrain, egal ob Grundstück, Haus oder Büro. Vielleicht rät er Ihnen dann, einige Möbel umzustellen, hier eine Wand einzuziehen oder dort ein bestimmtes Fenster zuzumauern.

Unordnung

Die erste Regel im Feng Shui lautet: Keine Unordnung! Da dieser Aspekt im Feng Shui so wichtig ist und gleichzeitig so viele Probleme bereitet, habe ich ihm ein eigenes Kapitel gewidmet. Gutes Feng Shui beginnt mit der Beseitigung von Unordnung.

Bevor man etwas Neues in sein Leben läßt, sollte man etwas anderes verabschieden. Vor jeder Feng-Shui-Kur wird aufgeräumt, saubergemacht und aussortiert. Wo Energie nicht ungehindert fließen kann, wird sie schwach. Ein vollgestopftes Umfeld erzeugt Verlangsamung und Stagnation. Man fühlt sich bedrückt, müde und unbeweglich. Ein blockierter, zugestopfter Bereich Ihrer Wohnung übt eine negative Wirkung auf den korrespondierenden Bereich Ihres Lebens aus.

Vor jedem neuen Projekt erhält mein Haus eine Grundreinigung, weil ich danach viel klarer denke. Fühle ich mich deprimiert, räume ich ein Regal auf. Unordnung zu beseitigen, befreit große Mengen positiver Energie und hebt die Stimmung. Die Gestaltung der Außenwelt formt das Innenleben. Ich genieße es geradezu, Dinge auszu-

Dieser Raum ist geschmackvoll eingerichtet und aufgeräumt, doch völlig vollgestopft. Ein derartiges Durcheinander kann müde und bedrückt machen.

sortieren, und ich verspreche Ihnen, daß Sie von dieser Gewohnheit nicht mehr lassen werden, wenn Sie einmal damit angefangen haben.

Das japanische Wort »ma« bezieht sich auf die Schönheit des Raumes zwischen verschiedenen Objekten.

Woran erkennt man, daß zuviel Unordnung herrscht? Geht Ihnen schon die ganze letzte Woche im Kopf herum, den Abstellraum oder eine bestimmte Küchenschublade aufzuräumen, dann herrscht Unordnung. Müssen Sie beim Saubermachen stets ganze Berge von Dingen von einem Platz zum anderen bewegen, dann ist es zu voll. Wenn zuviel Freizeit fürs Aufräumen draufgeht, haben Sie zuviel Zeug. Wenn Sie schon der Gedanke ans Aufräumen ermüdet – das ist Unordnung!

Manche Leute können nichts weggeben, weil »man es eines Tages brauchen könnte«. Ihre heimliche Botschaft dabei lautet, daß sie dem Universum nicht zutrauen, das bereitzustellen, was man wirklich braucht. Derartiger Sammeltrieb führt – entgegen seiner Absicht – zu größerer Unsicherheit.

Ich kannte eine solche Frau. Durch meine Beratung ließ sie sich dazu inspirieren, ihr Haus einem Frühjahrsputz zu unterziehen und alles wegzuwerfen, was sie nicht mehr benötigte. Dazu gehörte auch ein uraltes Zelt, das sie seit zwanzig Jahren nicht mehr benutzt hatte. Eine Woche später rief sie mich leicht verärgert an, da sie plötzlich ihr Zelt benötigte. Ich empfahl ihr, die Kleinanzeigen nach einem gebrauchten Zelt durchzusehen, und sagte ihr, daß ich es gerne bezahlen würde. Einige Wochen später rief sie mich wieder an. Sie hatte ein sehr geräumiges Zelt gefunden, viel besser als das alte je gewesen war. Sie hatte ihren Urlaub gemacht und das Zelt anschließend über die gleiche Zeitung weiterverkauft – und dabei auch noch einen kleinen Gewinn gemacht. Überdies freute sie sich darüber, daß, falls sie je wieder ein Zelt benötigen sollte, sie die gleiche Prozedur wiederholen konnte, ohne erneut ein Zelt zwanzig Jahre lang lagern zu müssen. Insgesamt hatte sie also in einem geräumigen Zelt geschlafen, einen kleinen Gewinn gemacht und überdies ein negatives Verhaltensmuster durchbrochen. Die Gesetze des Universums bestimmen: Man läßt etwas los, und etwas Neues tritt ins Leben.

Aufräumen sollte ausgewogen sein. Es ist völlig in Ordnung, nach Beendigung eines Projekts nicht mehr benötigte Unterlagen und Papiere wegzuwerfen und reinen Tisch zu machen. Etwas ganz anderes ist die Sterilität neurotisch aufgeräumter Einrichtungen, die genau so viel Energie entziehen können wie unaufgeräumte oder vollgestopfte Umgebungen.

Als ich meine eigene Unordnung in den Griff bekommen hatte und mich an der neugewonnenen Klarheit und Ruhe freute, zog mein Partner bei mir ein – mitsamt Bergsteigerausrüstung, Zelten, Eispickel und sogar seinem Lieblingsschaukelstuhl.

Dieses Zimmer ist nicht übermäßig vollgestopft, und die Sessel stehen kreisförmig zusammen, um harmonische Unterhaltungen zu ermöglichen.

Vielleicht hatte ich die Sammelwut in mir selbst noch nicht ganz überwunden und ihm so erlaubt, seine Unordnung tatsächlich bei mir abzuladen. Wer solche Menschen um sich hat, sollte ihnen erklären, wie problematisch solcher Sammeltrieb sein kann und welche Freude das Entrümpeln machen kann.

Zu Unordnung und Energieverstopfung gehört aber auch der Telefonanruf, den man tagelang vor sich her schiebt, was letztlich nur eigene Energie verbraucht. Die Bezahlung einer überraschend hohen Rechnung sollte man ebenfalls nicht vor sich herschieben, nur um den Rechnungssteller warten zu lassen. Auch das vernichtet eigene Energie. Wenn man nichts daran ändern kann, zahlt man am besten gleich und wendet sich mit klarem Kopf neuen Dingen zu. Briefe – am besten gleich beantworten. Man fühlt sich leichter. Etwas ist kaputtgegangen und irritiert bei jedem Anblick. Am besten, man repariert es sofort oder sortiert es aus.

Garderobe

Besitzen Sie so viele Kleider und Schuhe, daß Sie den Überblick verloren haben? Wenn Sie ausgehen und etwas Besonderes anziehen wollen: Räumen Sie erst alles aus den Schränken? Das Schlafzimmer sieht aus wie ein Schlachtfeld, und zum Schluß muß alles wieder weggeräumt werden? Das kostet Energie. Erinnern Sie sich noch an die Zeit, als Sie nur eine Handvoll Anzüge und Jeans besaßen? Dann wissen Sie sicherlich auch noch, wie einfach die Entscheidung fiel, was man anziehen wollte, und wie leicht alles in Ordnung zu halten war.

Mehr als sieben Paar Socken sind überflüssig. Alte, unansehnliche Strümpfe werden aussortiert und durch neue ersetzt. Sind Sie zu einem Ball eingeladen, mieten Sie ein Ballkleid. Mieten sie den Zylinder für die Hochzeit. Schuhe fünf Jahre nicht angehabt – weg damit. Beherzigen Sie die Maxime »ein Teil rein – ein Teil raus«.

Unordnung im Auto

Ich verbringe sehr viel Zeit im Auto, manchmal bis zu acht Stunden am Tag. Das Auto wird dadurch zu einer Art von Lebensraum. Man ißt, schreibt, lädt das Mobilphon auf, richtet Haar und Make-up, wechselt die Schuhe, hat Hunderte von Kassetten und irgendwo auch eine Zahnbürste. Allmählich verwandelt sich das Fahrzeug in eine rollende Mülltonne. Man schämt sich, wenn jemand von außen hereinschaut, und natürlich geht dadurch einiges an Energie verloren. Also: Raus mit den Hörbüchern, wenn man damit fertig ist, eine Kiste für den ganzen losen Kram in den Kofferraum stellen, und das ganze Auto öfters waschen – man fühlt sich wesentlich frischer.

Einen Anfang machen

Nutzlose Dinge, vollgepackte Räume scheinen die »Krankheit« des 20. Jahrhunderts zu sein, und der Kampf dagegen ist nicht leicht zu gewinnen. Kaum trennt man sich von einem Gegenstand, tritt ein neuer ins Leben. Damit die Dinge sich nicht festsetzen, sollten wir am Loslassen richtig Gefallen finden.

Am besten beginnen Sie mit folgender Übung: Wählen Sie 27 Dinge aus Ihrem Haushalt, die schon sehr lange nicht mehr bewegt worden sind, und versetzen Sie sie an neun aufeinanderfolgenden Tagen je einmal pro Tag. Danach nehmen Sie sich einen kleinen, abgeschlossenen Bereich, eine Küchen- oder Nachttischschublade, und misten gründlich aus. Oder: Trennen Sie sich von einem Gegenstand pro Tag, z.B. einer alten Zahnbürste.

Tascheninhalt

Leeren Sie Ihre Jacken- und Hosentaschen. Was findet sich dort? Bonbonpapierchen, Muschelschalen, ein Endchen Bindfaden? Dulden Sie auch hier möglichst keine Unordnung und werfen Sie alles Überflüssige weg.

Das Bagua

Den größten Einfluß auf die Energiegestaltung Ihrer Umgebung können Sie zuhause oder in Ihrem Büro ausüben. Jeder Bereich Ihres Heims steht in Beziehung zu einem bestimmten Aspekt Ihres Lebens, und schon subtile Veränderungen der Räume beeinflussen die verschiedenen Lebensaspekte positiv.

Es mag scheinen, als ob ein Konzept wie das des Feng Shui aus einer so fremden Kultur uns schwer zugänglich sein müßte. Lassen Sie einfach Ihre Vorurteile beiseite und gehen Sie ganz unbefangen vor.

In China glaubt man, daß drei Dinge Einfluß auf die Zukunft haben: Schicksal, Glück und Feng Shui. Das Schicksal liegt in gewisser Weise fest. Man ist mit einem bestimmten Körper und Charakter geboren, wodurch bestimmte Lebensmuster vorgeprägt sind. Glück kommt ins Spiel, wenn wir einfach zur richtigen Zeit am richtigen Ort sind und das zufällig Richtige tun. Feng Shui ist die Kunst, aus dem, was wir mitbekommen haben, gezielt das Beste zu machen.

Die Münzen auf dieser Jizostatue sollen allen Kindern Glück bringen.

Die verschiedenen Schulen des Feng Shui

Das Feng Shui ist keine genau definierte Wissenschaft, und es gibt verschiedene Richtungen der Ausübung. Die bekanntesten sind die »Kompaßschule« und die »Klassische Schule der Landschaftsformen«, oder einfach: die »Formschule« – übrigens die älteste. Sie ist sehr logisch und kann schon mit gesundem Menschenverstand gut nachvollzogen werden. Die Kompaßschule ist sehr präzise und verwendet Geburtsdaten und Sternzeichen zur Bestimmung glückverheißender Gebäudeausrichtungen. Führt eine Eingangstür auf einen Hügel, bringt das nach Meinung der Formschule kein Glück – die Bewohner müssen mit Schwierigkeiten rechnen. Selbst wenn diese Ausrichtung nach Ansicht der Kompaßschule perfekt sein sollte, würde sie sich hier der Formschule beugen und dann die zweitbeste Ausrichtung wählen. In diesem Buch werde ich mich hauptsächlich an der Formschule orientieren.

Funktion des Bagua

Feng Shui geht davon aus, daß das Leben neun Hauptaspekte hat, die alle in Harmonie zueinander stehen müssen. Sie entsprechen den »neun Häusern« des Bagua, das aus dem magischen Quadrat des Kaisers Fu Hsi entwickelt wurde: Beruf, Beziehung, Vorfahren, Wohlstand, Gesundheit, Wohltäter, Kinder, Wissen und Reputation. Achtet man zu sehr auf Beruf und Karriere, können Beziehung, Bildung und Gesundheit leiden. Zu starke Beschäftigung mit den Kindern kann zu einem störenden Einfluß auf die Finanzlage oder die Beziehung zum Ehepartner führen etc. Im Feng Shui geht es um die Harmonie aller neun Aspekte. Jedem dieser Aspekte entspricht ein bestimmter Bereich Ihres Heims, eine Zahl, ein Körperorgan, ein Planet, eine Jahreszeit und eine Tageszeit, in der Energie besonders kräftig fließt. Durch Anwendung des Bagua-Schemas auf Wohnung oder Büro können Sie feststellen, wie sich das Feng Shui eines jeden Aspektes durch subtile Eingriffe verbessern läßt.

4	9	2
3	5	7
8	1	6

Aus dem magischen Quadrat Lo Shu (oben) wurde das Bagua-Schema (rechts) entwickelt.

Reichtum	Ruhm	Beziehungen
Ahnen	Gesundheit	Kinder
Wissen	Beruf	Wohltäter

Das Bagua der Wohnung

Das Bagua-Schema über einem Plan der eigenen Wohnung hilft dabei, festzustellen, welcher Bereich mit welchem Lebensaspekt zusammenhängt. Der Haupteingang muß dafür in einem der Felder Wissen, Beruf oder Wohltäter liegen. Die geographische Ausrichtung des Hauses ist nicht so wichtig, da die meiste Energie durch den Eingang – das »Chi-Maul« – ins Haus strömt. Hier klingelt der Briefträger, hier treten Besucher ein, hier verläßt man das Haus, etc.

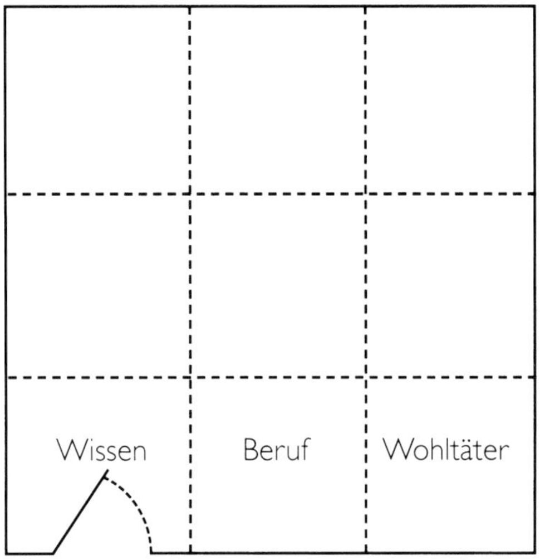

Das Schema stellt den Zusammenhang von Lebensaspekten und Wohnbereichen dar.

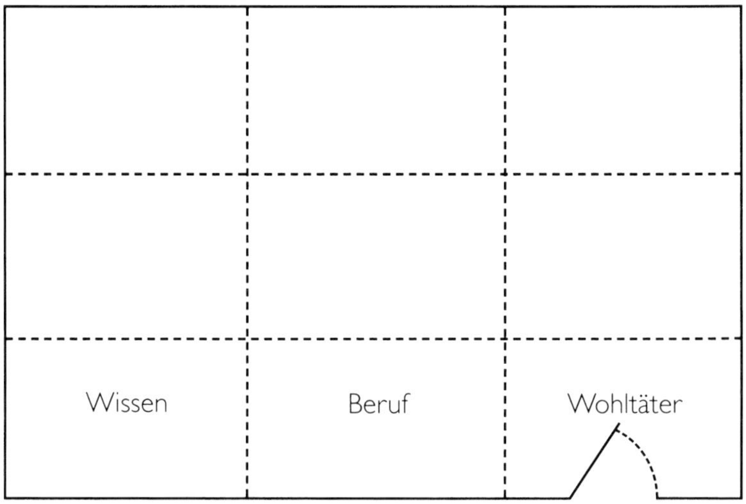

Das Bagua-Schema ist flexibel und paßt sich jeder Haus- oder Wohnungsgröße an.

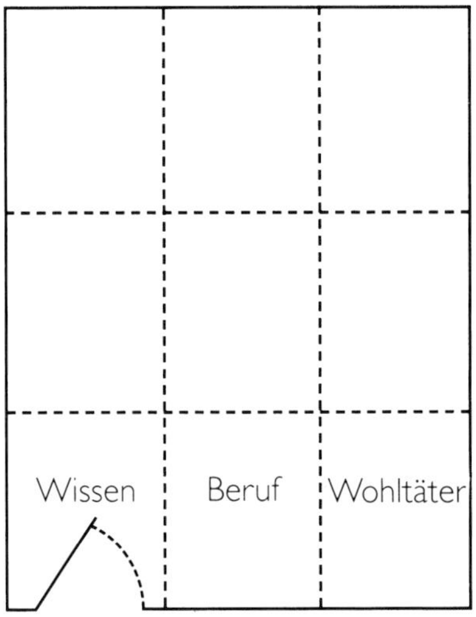

Der Haupteingang liegt stets in einem der Felder »Wissen« (wie hier), »Beruf« oder »Wohltäter«.

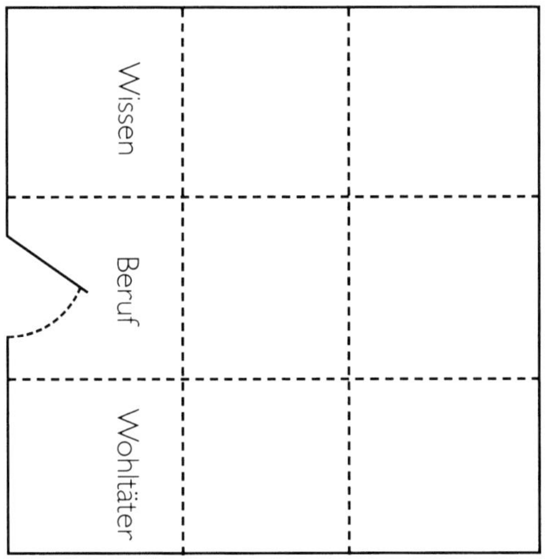

Hier liegt der Haupteingang im Feld »Beruf«.

Fehlende oder erweiterte Aspekte

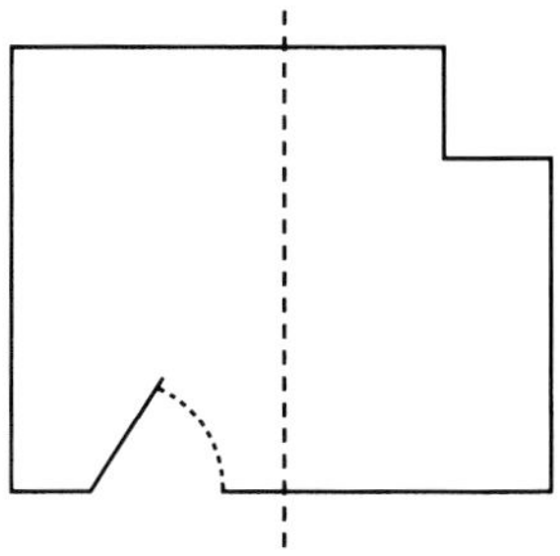

Der Bereich »Beziehung« fehlt.

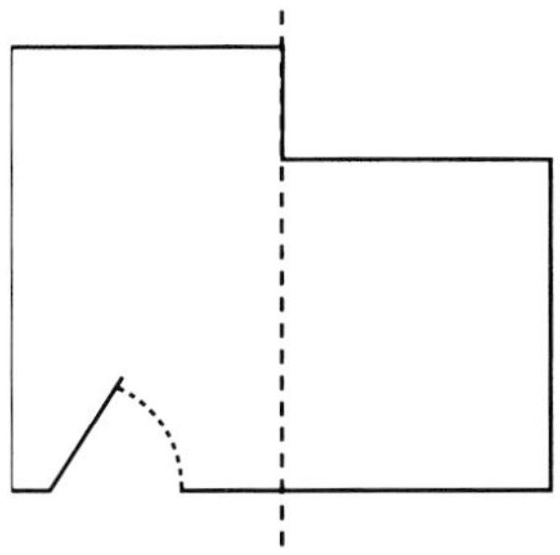

Der Bereich »Beziehung« fehlt.

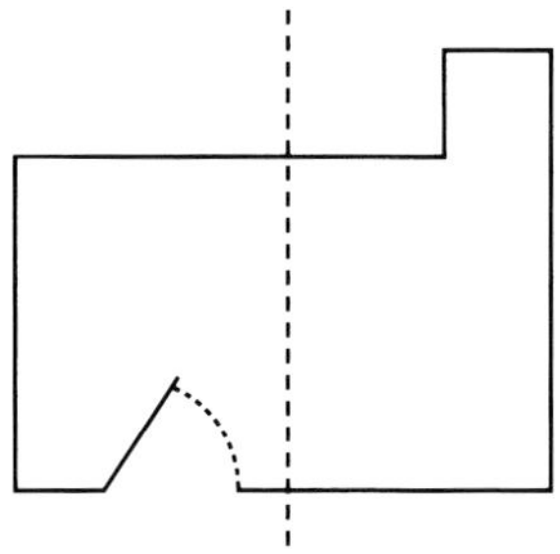

Der Bereich »Beziehung« ist erweitert.

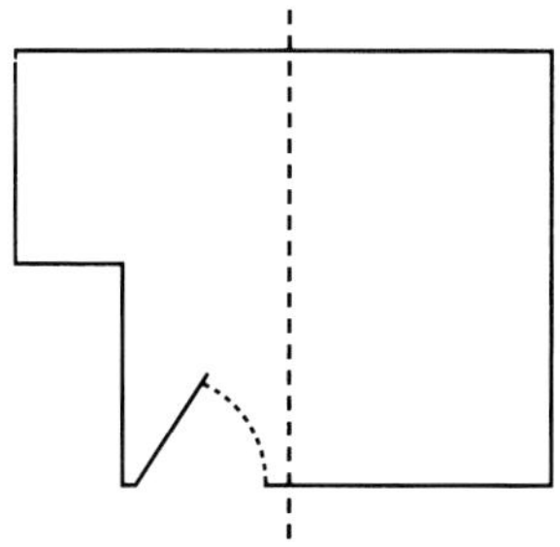

Der Bereich »Wohlstand« ist erweitert.

Das Bagua kann auf eine Wohnung, einzelne Etagen eines Hauses oder Ein-Zimmerappartements angewendet werden. Manche Schulen des Feng Shui legen das Bagua zunächst auf das ganze Haus und dann auf jeden Einzelraum, doch möchte ich vorschlagen, bei der Betrachtung des gesamten Hauses zu bleiben, um unnötige Verwirrung zu vermeiden. Bei Kinderzimmern sollte man dennoch die Einzeluntersuchung vornehmen, da sie praktisch als »Behausung« des Kindes angesehen werden können.

Zunächst zeichnen Sie einen möglichst genauen Grundriß Ihrer Wohnung oder des Erdgeschosses Ihres Hauses auf kariertes Papier. Zeichnen Sie alle Türen und Fenster ein. Breiten Sie dann das Bagua so über den Plan, daß die Felder »Wissen« , »Beruf« und »Wohltäter« entlang der Wand mit dem Haupteingang liegen. Wie in der nebenstehenden Abbildung zu erkennen, läßt sich das Bagua jeder beliebigen Grundrißproportion anpassen.

Prüfen Sie nun, ob es Bereiche gibt, die fehlen oder erweitert sind. Dazu teilen Sie den Grundriß durch eine Gerade in zwei Hälften. Ist der in Frage stehende Bereich kleiner oder gleich der halben Außenwand, dann gilt er als fehlend; geht er über die Hälfte hinaus, gilt der überstehende Bereich als erweitert.

Bei oberen Stockwerken gilt die oberste Treppenstufe als Chi-Maul, da die meiste Energie von hier einfließt. Verfahren Sie bei der Auflage des Bagua also, als ob dies der Haupteingang wäre.

Das Verfahren sollte aber nicht übermäßig schematisch angewandt werden: Im Laufe der Zeit lernt man, gerade mit seinem Körper als Kompaß die Übereinstimmung oder Abweichung der Energiemuster der verschiedenen Stockwerke zu erspüren.

Bereich 1: Beruf

Die größten Energien, die meisten Chancen gelangen durch den Haupteingang ins Haus. Daher liegt der Berufsaspekt immer in dessen Nähe. Öffnet sich der Eingang in das Feld des Wohltäters, ergibt sich zum Beispiel ein kombinierter Einfluß auf Ihre Arbeit. Das Berufsfeld beeinflußt mehr als nur den Job; hier geht es auch um Berufung und Lebensziel. Es steht in Beziehung zum Planeten Merkur, zum Winter, den Stunden von elf bis ein Uhr nachts und dem Element Wasser. So wie ein Fluß seinen Weg bis ins Meer gräbt, so bahnen wir wachsend und lernend uns unseren Lebensweg von der Geburt bis zum Tod. Tun Sie das, was Sie wirklich tun möchten? Haben Sie Ihre Lebensaufgabe gefunden? Vielleicht kann dieses Buch Ihnen einige Hinweise geben.

Gesundheit: Das Element Wasser beeinflußt Ohren und Nieren. Die Nieren sind die Quelle all unserer Vitalität. Sie speichern die Energie, die uns von unseren Vorfahren übertragen wurde, sie steuern alle wichtigen Lebensfunktionen wie Geburt, Wachstum, Fortpflanzung, Sexualität und Alterung. Die Menge der in den Nieren gespeicherten Energie bestimmt, wie lange wir leben. Und die Nieren versorgen alle anderen Organe mit Energie – so wie die Eingangstür alle anderen Bereiche des Hauses mit Energie versorgt. Wasser und Willenskraft hängen eng zusammen. Wenn Sie beharrlich, entschlußfreudig, sanftmütig und doch kraftvoll sind, dann ist auch dieser Bereich des Hauses stark. Ängstliche Menschen, deren Leben sich vielleicht im Kreise dreht, ohne irgendwohin zu gelangen, sexuell über- oder unteraktive Charaktere sollten darauf achten, diesen Hausbereich in bessere Balance zu setzen.

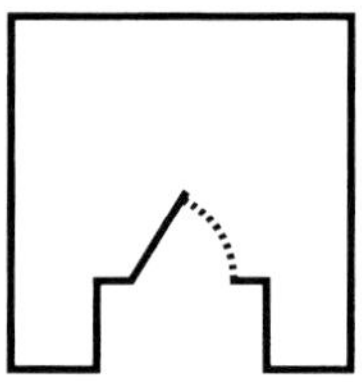

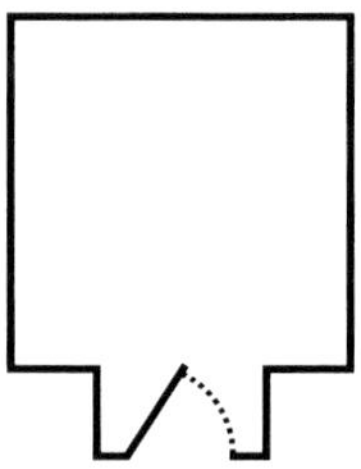

Bereich fehlt: Fehlt in Ihrem Grundriß der Berufsbereich, kann es für die Bewohner zu Problemen in Beruf, Lebensbestimmung und allgemeinem Gesundheitszustand über eine Schwächung der Nierenfunktion kommen.

Bereich erweitert: Das Gegenteil gilt bei einem leicht erweiterten Berufsbereich. Klarer Lebensweg, gute Gesundheit und geistiges Interesse erfreuen die Bewohner.

Bereich 2: Beziehung

Dieser Bereich verfügt über die stärkste weibliche Energie im ganzen Haus. Das betrifft alle Beziehungen zu einem einzelnen Gegenüber, ob Ehepartner, Chef oder

Chefin oder gute Freunde. Er ist assoziiert mit dem Element der warmen, fruchtbaren, schwarzen Erde, in der alles wächst, mit der fruchtbaren Jahreszeit des Spätsommers und dem Planeten Saturn. Energetisch entspricht dieser Bereich der Tageszeit von ein bis drei Uhr nachmittags. Der Beziehungsbereich sollte weich, aufbauend, stabil und sicher sein.

Gesundheit: Milz und Magen sind die Organe, die diesem Bereich zugeordnet sind. Der Magen bereitet die Nahrung vor, um die anderen Organe zu ernähren. Er beeinflußt geistige Klarheit und Kurzzeitgedächtnis. Milz und Magen entsprechen den positiven Aspekten von Pflichtgefühl und Fairneß, Pflege, Harmonie, Gastfreundschaft und zentrierter Ruhe. Ihre Aufgabe ist die Balance. Im negativen Sinn stehen die beiden Organe für schlechte Laune, exzessiven Appetit bis hin zur Gier, Unsicherheit und Furcht sowie das extreme Bedürfnis nach Zuwendung. Um diese körperlichen Aspekte zu stärken, muß man diesen Haus- oder Wohnungsbereich verändern.

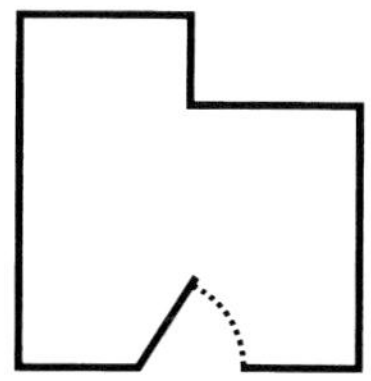

Bereich fehlt: Wo der Beziehungsbereich eines Hauses fehlt, hat eine Frau es schwer, eine erfüllte Beziehung zu einem Lebenspartner aufzubauen. Kennzeichen sind ein schwächlicher Magen und Schwierigkeiten, sich oder andere zu ernähren. Die weibliche Energie ist schwach und neigt zur Vermännlichung.

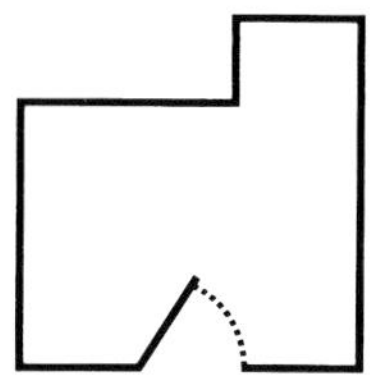

Bereich erweitert: Ist der Beziehungsbereich erweitert, kann die Frau hingegen zu dominant werden und den Mann schwächen. Auch das kann zu Beziehungsproblemen und schwerwiegenden Beeinträchtigungen des körperlichen Wohlbefindens führen.

Bereich 3: Vorfahren

Dieser Wohnbereich ist verwandt mit dem Planeten Jupiter und dem ersten Frühling, wenn Knospen und Triebe im frischen Saft stehen. Hierher gehört das Element Holz, und seine stärkste Energie erlebt man zwischen fünf und acht Uhr morgens. Unseren Vorfahren verdanken wir das Geschenk unseres Lebens, wir stehen in ihrer Schuld. Im übertragenen Sinn bezieht sich dieser Wohnbereich auf alle Personen mit einer gewissen Macht über uns: Hausbesitzer, Kreditgeber oder die Zulieferer für den eigenen Betrieb.

Gesundheit: Im körperlichen Sinn entsprechen Füße und Leber dem Feld der Vorfahren. Änderungen im Wohnbereich der Vorfahren können bei entsprechenden Gesundheitsproblemen für Abhilfe sorgen. Die Leber ist der »General« des Leibes, zuständig für seine Verteidigung und die Reinigung des Blutes. Hier kann Gift in reine Energie umgewandelt werden. In ihrer Qualität entspricht die Energie der Leber der der Morgensonne. Ein gesundes Organ macht den Menschen freundlich und fürsorglich, besonnen, entspannt und kreativ. Der Kopf ist klar; das Individuum kann sich in ein Team integrieren. Eine ungesunde Leber kann zu Reizbarkeit und Gewalttätigkeit führen, zu Opportunismus, Streitsucht und Streberei, aber auch zum unrealistischen Pläneschmieden ohne Bezug zur Wirklichkeit.

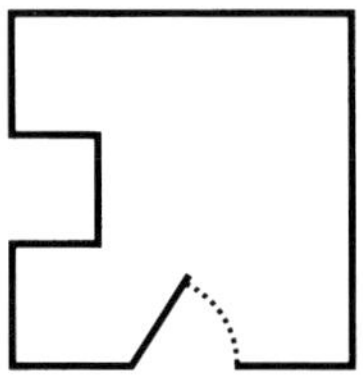

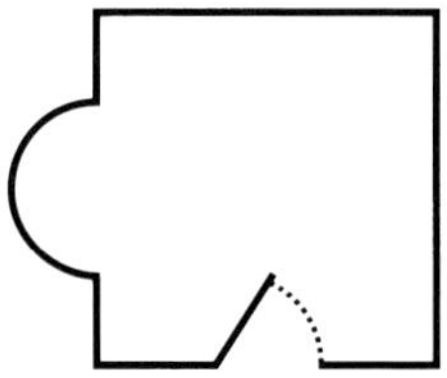

Bereich fehlt: Ist der Bereich in diesem Teil des Bagua unterentwickelt, können die Bewohner einen Mangel an Energie und Vitalität verspüren. Die Beziehungen innerhalb der Familie sind angespannt, und neue Projekte lassen sich nur mit Mühe beginnen.

Bereich erweitert: Jede Erweiterung dieses Bereichs wird als glücksverheißend betrachtet, mit positiven Auswirkungen auf die Familienbeziehungen und die Verwirklichung der Lebensaufgabe.

Bereich 4: Wohlstand

Dem Bereich des Wohlstands sind das Element Holz, Qualitäten der Kommunikation und die Jahreszeit des Übergangs vom Frühling zum Sommer zugeordnet – eine Zeit voller Blüten und Üppigkeit. Die Energiequalität entspricht den Stunden von acht bis elf Uhr vormittags. Der Planet Jupiter nimmt Einfluß auf unsere Finanzen und den glücklichen Verlauf unserer Vorhaben. Damit mag das Glück bei einer Pferdewette ebenso gemeint sein wie das Glück einer guten Gesundheit, einer harmonischen Familie oder finanzieller Prosperität.

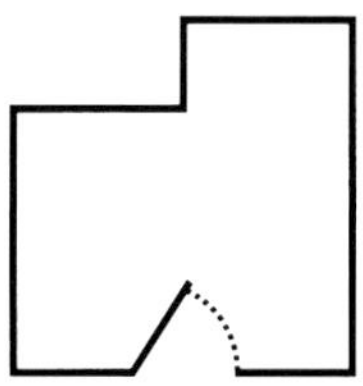

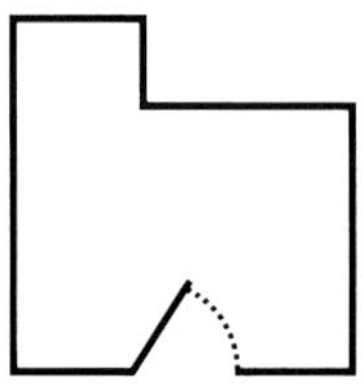

Gesundheit: In diesem Bereich sind Muskeln, Hüfte und Gesäß sowie die Gallenblase angesprochen. Die Galle ist das sanftere Schwesterorgan der Leber – zu ihren Aufgaben gehört die Verdauung von Fetten. Entsprechende Qualitäten sind Leichtigkeit, Flüssigkeit und Beweglichkeit, die im negativen Sinn in Unstetigkeit, plötzliche Hektik und Reizbarkeit umschlagen können. Änderungen in diesem Wohnbereich können sich auf die genannten Körperteile auswirken.

Bereich fehlt: Fehlt Ihrer Wohnung dieser Bereich, können finanzielle Schwierigkeiten die Folge sein. Das Glück zieht an einem vorbei, stattdessen wird man von Pech und Unfällen, beispielsweise infolge zu impulsiver Handlungen, verfolgt.

Bereich erweitert: Eine nicht zu große Erweiterung dieses Bereichs gilt als sehr glückverheißend. Die Bewohner sind geschäftlich erfolgreich, und auch sonst gelingt ihnen vieles.

Bereich 5: Tai Chi

Das vitale Zentrum des Hauses gehört der gelben Erde. Hier wirkt Saturn. Die stärkste Energie fließt in den Stunden von drei bis fünf Uhr morgens und von drei bis fünf Uhr nachmittags. In China wurde dieser Bereich stets offengehalten und als Innenhof gestaltet. Auch in der westlichen Baukunst wurde hier früher oft eine Öffnung als Kamin oder Lüftung eingesetzt. Das Zentrum verbindet alle anderen Bereiche des Hauses und übt großen Einfluß auf die Gesundheit der Bewohner aus.

Ein offener Innenhof läßt das Tai Chi ungehindert fließen – doch sollte er nicht mehr als ein Drittel der sonstigen Hausfläche einnehmen.

Gesundheit: Durch Veränderungen in dieser Zone können Sie Einfluß auf Ihre Gesundheit insgesamt nehmen, speziell auf Milz, Bauchspeicheldrüse und Magen. In ihrem Zusammenwirken regulieren diese drei Organe, die in der Mitte des Körpers sitzen, das Zusammenspiel aller anderen Organe. Die Erde liefert die Energie, um notwendige Veränderungen anzugehen. Vorsicht mit Wasser in diesem Bereich, das der Erdenergie entgegenwirkt.

Bereich fehlt: Es ist eo ipso nicht möglich, daß das Zentrum in einem Haus oder einer Wohnung fehlt. Doch sollte dieser Bereich so hell, leer und unverstellt sein wie möglich. Toilette oder Bad gehören nicht ins Zentrum.

Bereich erweitert: Es ist ebenfalls kaum möglich, daß der Bereich des Zentrums zu groß gerät. Innenhöfe sollten allerdings nicht mehr als ein Drittel der sonstigen Grundfläche des Hauses einnehmen.

Bereich 6: Wohltäter

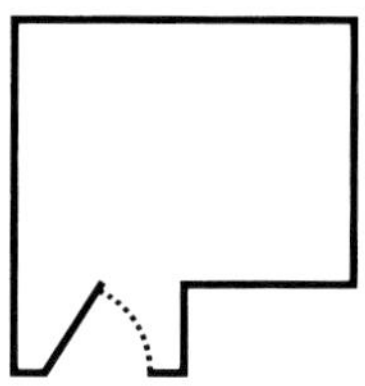

Zu diesem Bereich gehören Metalle, Stahl, Kristalle und Diamanten. Er wird beeinflußt von Freunden und Engeln, die uns in Zeiten der Not beistehen. Auch Wohltätigkeit und Reisen gehören hierher. Es ist der Bereich der stärksten männlichen Energie. Ihm entspricht der Herbst, wenn die Blätter gefallen sind und die Ernte eingebracht ist. Alles zieht sich zusammen, und Disziplin ist nötig, damit die Vorräte bis zur nächsten Ernte reichen. Die entsprechende Tageszeit liegt zwischen neun und elf Uhr abends.

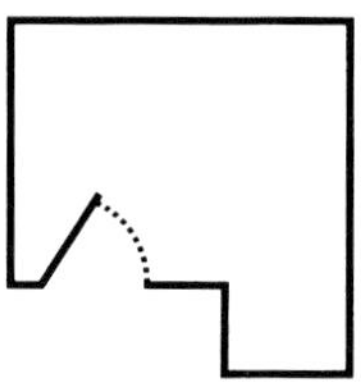

Gesundheit: Durch Änderungen in diesem Wohnbereich kann man den Dickdarm, den großen Eliminator, günstig beeinflussen. Der Bereich wird oft mit den Charaktereigenschaften der Wohltätigkeit und Philantropie in Verbindung gebracht. Wenn hier alles in Harmonie ist, entstehen Klarheit, Großzügigkeit, Fairneß, moralisches Verhalten, Respekt und Mut. Ins Negative gewendet entstehen Depression, Unehrlichkeit, Geiz, Rigidität und die Unfähigkeit zu verzeihen. Auch Kopfschmerzen und Streß können hier durch subtile Veränderungen gelindert werden.

Bereich fehlt: Wo dieser Bereich fehlt, kann ein Mann nur schwer glücklich werden und verbringt mehr Zeit außer Haus, als gut ist. Vielleicht arbeitet er zu lange, auch kann es Probeme mit Vorgesetzten geben. Die Gesundheit des Mannes ist schwach, ebenso seine Position im eigenen Haus.

Runde Häuser haben aufgrund ihrer guten Proportionen ein günstiges Feng Shui.

Bereich erweitert: Ist der entsprechende Bereich deutlich entwickelt, sind die Bewohner freigiebig und großzügig. Vielleicht reisen sie häufiger, sind von Freunden wie »Engeln« umgeben und werden auch von anderen als Freunde betrachtet.

Bereich 7: Kinder

Der Kinderbereich steht mit der Venus und dem Element Gold in Verbindung, ferner mit der Freude, der Kreativität und dem Zeichen »der See« im I Ging. Aber nicht nur eigene Nachkommen spielen hier eine Rolle, sondern auch Hobbies und Lieblingsprojekte, z.B. der zu restaurierende Oldtimer in der Garage. Die zugehörige Jahreszeit ist der frühe Herbst mit seinen bunten Blättern und fruchtbeladenen Bäumen. Als korrespondierende Tageszeit gelten die Stunden von fünf bis acht Uhr abends.

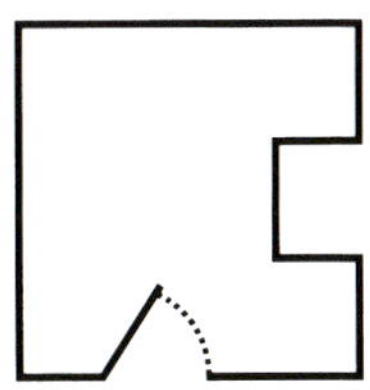

Gesundheit: In diesem Wohnbereich kann die Lunge behandelt werden. Sie kontrolliert die Haut, die auch als dritte Lunge bezeichnet wird und die Energie aus der Nahrung mit dem Chi der Luft vermischt. Eine energetisch ausgewogene Lunge führt zu guter Intuition, geistiger Klarheit, rascher Auffassungsgabe, Entschlossenheit, Mut und der Fähigkeit, zu verstehen und zu vergeben.

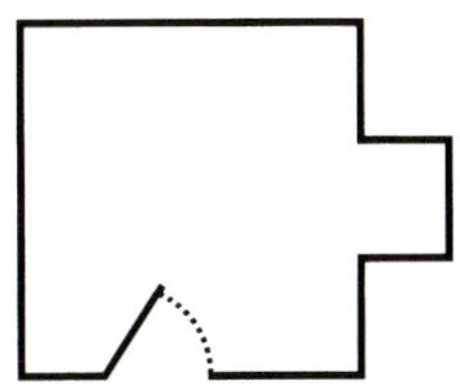

Der Bereich der Reputation ist bei diesem Haus schwach entwickelt.

Bereich fehlt: Wo dieser Bereich fehlt, gibt es wenig Freude, keine Hobbies; den Bewohnern könnte es schwer fallen, Kinder zu bekommen. Geld für Vergnügungen wird wenig da sein, da es stattdessen für die Reparatur des Hauses oder ähnliches ausgegeben werden muß.

Bereich erweitert: In diesem Haus wohnen Menschen von guter Intuition. Sie können sich freuen, haben einen großen Freundeskreis und gute Beziehungen zu ihren Kindern.

Bereich 8: Wissen

Dieser Wohnbereich gehört zur weißen Erde, aus der auch Porzellan gemacht wird. Er korrespondiert mit den Stunden zwischen ein und vier Uhr in der Nacht, einer Zeit der Stille vor dem Morgen, in der Veränderung und Aufruhr geschmiedet werden. In diesem Bereich wird an der Verwirklichung der eigenen Ziele gearbeitet; auch das innere Wissen gehört hierhin. Sein Chi ist still, doch ein bißchen gefährlich. Über diesen Bereich dringen Geister ins Haus.

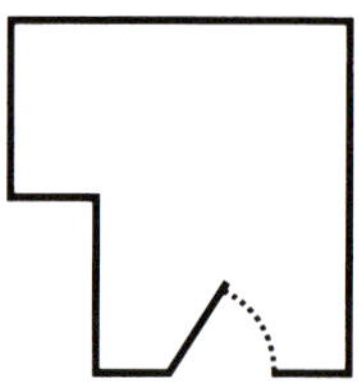

Gesundheit: Der Bereich des Wissens bezieht sich auf die tief im Innern des Körpers sitzende Bauchspeicheldrüse, das Organ mit der ausgeprägtesten Yang-Qualität. Damit dieser Bereich des Hauses gesund und stark bleibt, sollte er warm und in hellen Farben eingerichtet sein. Auch die Hände, z.B. bei einer Arthritis, lassen sich hier behandeln. Als Maler oder Bildhauer sollte man hier vielleicht ein Heilmittel plazieren, etwa einen Kristall oder etwas Rosafarbenes (vgl. »Die neun wichtigsten Heilmittel«, S. 108 – 125). Vorsicht mit dem Gebrauch von Wasser in diesem Bereich!

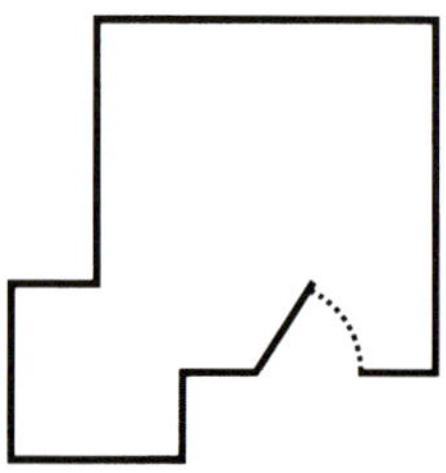

Bereich fehlt: Wo dieser Bereich fehlt, fehlt auch das Interesse an Büchern und Bildung, und die Bewohner neigen zu rigiden Ansichten.

Bereich erweitert: Die Bewohner sind interessiert und lernbereit, doch können auch ihre selbstsüchtigen Tendenzen verstärkt werden.

Bereich 9: Reputation

Ehre, Beförderung und Karriere, aber auch inneres Wachstum können durch diesen Bereich beeinflußt werden. Mars ist der wirkende Planet, das zugehörige Element ist das Feuer. Die entsprechende Jahreszeit ist der blühende Sommer mit seinen langen sonnigen Tagen. Die Energie des Raums stimmt am meisten mit der Zeit von elf bis ein Uhr mittags überein.

Gesundheit: Herz und Dünndarm werden von diesem Bereich beeinflußt. Das Herz ist der Sitz der Seele. Positive Qualitäten sind Liebe, Freundlichkeit, Freude, Sanftheit, Respekt und Spiritualität. Die Feuerenergie ist expansiv und energisch, sie fördert Inspiration und Genius. Die guten Qualitäten des Herzens wirken sich in allen Lebensbereichen positiv aus. Werden sie unterdrückt, entstehen Kälte, Rohheit, Selbstsucht und Hochmut. Wird ein Heilmittel in diesem Bereich plaziert, kann das auch auf Augenkrankheiten lindernde Wirkung haben.

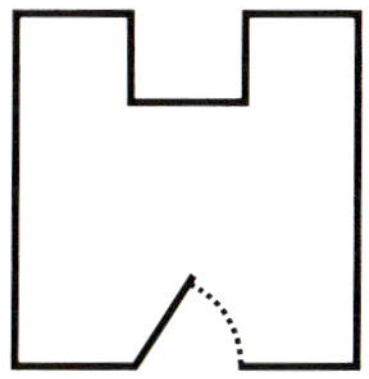

Bereich fehlt: Ist dieser Bereich einer Wohnung unterentwickelt, gibt es Probleme mit der Karriere, und die Bewohner neigen dazu, zu sehr auf das Urteil anderer zu achten.

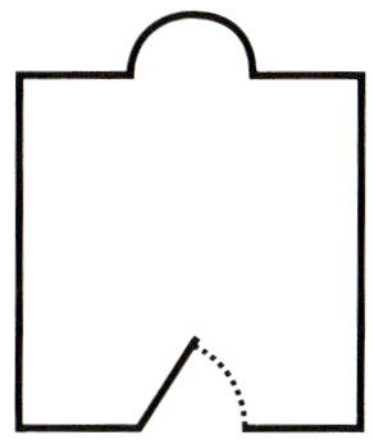

Bereich erweitert: Die Bewohner sind in ihrer Nachbarschaft und Gemeinde gut beleumundet, auch ihre Geschäfte gehen gut.

Das Bagua Ihres Autos

Feng Shui läßt sich auch auf Autos anwenden. Der Motor entspricht als »Chi-Maul« dem Eingang eines Hauses. Hat das Auto Heckantrieb, liegt der Beziehungsbereich über dem Beifahrersitz, der Wohlstandsbereich über dem Fahrersitz. Bei Frontantrieb liegt das Berufsfeld über der Motorhaube, das Beziehungsfeld über dem linken Hintersitz und das Wohlstandsfeld über dem rechten Hintersitz. Unfälle und »Beulen« können also auch auf die entsprechenden Lebensbereiche wirken.

Feng Shui anwenden

Das Tor zur Welt

Als Chi-Maul gilt üblicherweise der Haupteingang eines Hauses. Abweichend davon ist es jedenfalls immer die Tür, bei der sich Freunde, Besucher und der Briefträger einfinden. Obwohl ein gewisser Teil des Chi durch Wände und Fenster einströmt, gelangt die Hauptenergie von Haus oder Wohnung hier hinein. Man sollte sich angewöhnen, beim Hereinkommen seine Schuhe auszuziehen, da sie allerhand Energie aufgenommen haben könnten, die man lieber draußen halten möchte.

Wie sieht Ihre Haustür aus? Gehen Sie jetzt, und sehen Sie nach! Blättert die Farbe ab, ist der Lack verblichen, funktioniert die Klingel? Die Haustür ist Ihre Verbindung mit der Welt. Wenn sie klemmt oder schleift, kann auch Ihr Zugang zur Welt blockiert sein.

Läßt sich die Eingangstür nicht ganz öffnen, weil dahinter zu viele Mäntel hängen oder ein Berg Schuhe liegt, kann das Einfließen günstiger Gelegenheiten blockiert

Springbrunnen sind natürliche Ionisierer und locken allerhand Kleingetier in den Garten. Der Türladen schafft ein Gegengewicht zur Glasfläche, durch die die Energie sonst zu leicht ein- und ausströmen könnte.

werden. Der Kontakt zur Außenwelt leidet. Ist Ihr Eingangsbereich blockiert, dann öffnen und reinigen Sie ihn jetzt.

Gutes Feng Shui für den Eingangsbereich

- Wenn man durch die Haustür hereinkommt, sollte man in die Mitte der Diele gelangen und nicht gegen eine Wand laufen. Die Tür sollte sich bis zur Außenmauer öffnen lassen.

- Lack und Farbe der Eingangstür sollten frisch und glänzend gepflegt sein, um einen immerwährenden Geldfluß ins Haus zu lenken.

- Ein runder, blank polierter Türknauf kann negative Energie abweisen.

- Vor der Tür sollte immer eine Stufe sein. Die Straße ist wie ein breiter Fluß. Wer zu nahe daran wohnt, zieht Gefahren an.

- Die Eingangstür sollte so groß wie die inneren Türen sein – oder etwas größer. Idealerweise liegt sie in der Mitte der Dielenwand und öffnet sich nach innen, damit die Energie ins Haus geleitet wird und nicht hinaus.

- Besteht Ihre Eingangstür zu mehr als der Hälfte aus Glas, kann die Energie ungehindert ins Haus und wieder heraus fließen. Sie haben zu geringen Einfluß auf die verschiedenen Aspekte Ihres Lebens, und Ihre Gesundheit wird geschwächt. Das gilt um so mehr, wenn der Eingang direkt zu einer Innentreppe führt. Kleinere Türfenster gestaltet man am besten mit blauem oder gelbem Glas, oder man hängt einen kugelförmig geschliffenen Kristall ins Fenster. Bei zu großer Glasfläche sollte man die Eingangstür vorzugsweise gegen ein solideres Modell austauschen.

Immergrüne Pflanzen leiten gesundes Chi ins Haus. Die runden Pflanztöpfe, die Stufe vor der Tür und der glänzende Anstrich stärken die glückbringenden Aspekte dieses Eingangs.

- Fenster neben der Eingangstür erlauben, daß allerhand unvorhergesehene Ereignisse Sie ständig aus der Bahn werfen. Mauern Sie solche Fenster zu oder schirmen Sie sie mit Vorhängen oder rundblättrigen Pflanzen auf der Fensterbank ab.

- Eine richtige Glocke mit harmonischem Klang reinigt durch ihre Vibration die Atmosphäre und ist einer elektrischen Klingel vorzuziehen.

- Hängen Sie ein Windspiel in den Eingangsbereich, wenn die Haustür direkt auf eine Treppe oder den Hinterausgang führt. Das schafft etwas Widerstand und verlangsamt den Energiefluß, so daß die Dinge um Sie herum nicht außer Kontrolle geraten.

- In grauen, feuchten Gegenden Nordeuropas hilft zusätzliche Feuerenergie. Etwas Gelbes oder Rotes gehört über oder neben den Eingang, vielleicht als bunter Blumenkübel.

Diese edlen Tiere sind Teil des Erdelements. Sie blicken nach vorn und können so das Haus am besten schützen.

In welche Richtung zeigt Ihr Hauseingang?

Süden. *In der Windrose der Chinesen steht diese Himmelsrichtung ganz oben (bei uns ist es der Norden), weil ihr die höchste Bedeutung beigemessen wird. Eingänge, die sich nach Süden öffnen, haben den besten Einfluß auf das Leben der Hausbewohner. Die hereinströmende Energie ist hell, warm, sonnig und repräsentiert den Sommer. Sie bringt Glück, Wohlstand und Freundschaft. Ein Laden mit Südeingang verspricht gute Geschäfte. Die besten Farben für eine Tür in diese Richtung sind Grün, Rot oder ein Naturton.*

Südwesten. *Diese Richtung ist gut für Beziehungen, weil sie der unvorteilhaften Nordostrichtung gegenüberliegt. Um Krankheiten abzuwenden, sollte man im Eingangsbereich ein Windspiel aufhängen. Günstige Farben sind Rot oder Gelb, vorteilhaft sind glänzend polierte Metallbeschläge.*

Westen. *Durch diese Tür kommt ruhige, friedfertige Energie in Ihr Heim. Für den Zeitraum von 1984 bis 2003 ist dies die beste Richtung, um Geld und gute Gelegenheiten anzuziehen. Günstige Farben sind Gelb, Orange, Burgunderrot, Weiß und Metall.*

Nordwesten. *Die Energie, die durch diesen Eingang kommt, hilft männlichen Familienmitgliedern. Die Bewohner sind tüchtige Arbeiter und sollten ohne Mühe die Unterstützung einflußreicher Personen gewinnen können. Man reist viel, doch könnte es schwer fallen, sein Geld zusammenzuhalten. Die Tür sollte weiß, gelb, orange, terracotta- oder burgunderfarben gestrichen und mit Chrom- oder Messingbeschlägen verziert werden.*

Norden. *Durch diese Tür dringt kalte, melancholische, lebenshemmende Energie ins Haus, die an die Blässe von Winter und Tod erinnert. Als Ausgleich wird der Norden von Reh und Schildkröte, den Symbolen der Langlebigkeit, repräsentiert. Positiv ist auch, daß der Norden mit dem Element Wasser assoziiert wird; durch diese Tür fließt also auch der Wohlstand zu Ihnen. Gestalten Sie diese Tür in Blau, Schwarz oder Weiß mit goldfarbenen Beschlägen, und hängen Sie ein hübsches Bild auf oder über den Eingang. Die Figur eines Rehs oder einer Schildkröte neben dem Eingang helfen.*

Nordosten. *Diese Richtung wird mit Wissen und Bildung in Verbindung gebracht und könnte in die Wohnung eines Gelehrten führen. Allgemein ist sie jedoch nicht zu empfehlen, da hier die Geister von Vorfahren eindringen, an die wir uns oft kaum noch erinnern können. Hängen Sie einen Baguaspiegel über den Eingang, der zur Straße zeigt, und streichen Sie die Tür rot, gelb oder erdfarben.*

Osten. *Hier empfängt Ihr Haus die Energie der aufgehenden Sonne, die mit Wachstum, neuen Unternehmungen, Gesundheit und harmonischem Familienleben in Verbindung gebracht wird. Glückbringend wirkt ein Knauf in Gestalt eines Drachen auf einer blauen, schwarzen, grünen oder naturholzbelassenen Tür.*

Südosten. *Von allen Himmelsrichtungen ist diese am stärksten mit dem finanziellen Aspekt verknüpft. Der späte Vormittag bringt aktive Energie ins Haus. Die Tür sollte blau oder schwarz sein und Messingbeschläge haben. Wenn Sie lackierte Beschläge vorziehen, dann wählen Sie dafür die Farben Schwarz, Blau oder Grün auf einer grünen, violetten oder naturholzbelassenen Tür.*

Was Zahlen erzählen

In Asien hat man gewissen Respekt vor Zahlen. In den Straßen findet man oft Hausnummer-Kombinationen mit 8, 18, 78 und 88, da einflußreiche Bauunternehmer wissen, daß jedermann in einem Haus mit einer glücksbringenden 8 wohnen möchte.

Auch Namen lassen sich in Zahlen übersetzen. Die chinesische Methode ist sehr einfach: Die Anzahl der für einen Buchstaben benötigten Pinselstriche ergibt seine Zahl. Das Ergebnis hängt also auch von der persönlichen Schreibweise ab. Wenn man alle Buchstaben eines Namens übersetzt hat, addiert man den Gesamtwert. Ein Beispiel:

FENG SHUI COMPANY
2232+1321+1142332 = 32
BALLARD HOUSE
2322322+31112 = 4

Die chinesischen Glückszahlen sind:
3, 5, 6, 8, 11, 13, 15, 16, 17, 18, 21, 23, 24, 25, 29, 31, 32, 33, 35, 37, 39, 48, 52, 63, 73, 75, 77, 78, 80, 81, 83, 84, 87, 88, 89, 90, 91, 92, 97, 98, 99, 100.

Was Ihre Hausnummer verrät

1 *Ein Einserhaus kann Sie dabei unterstützen, als Individuum zu wachsen und Ihre Lebensaufgabe zu finden. Es ist ein Haus der Unabhängigkeit, und die Bewohner gehen eher nach ihrer Erfahrung als nach dem, was andere Leute sagen. Allerdings finden die Bewohner nur schwer zu einer gemeinsamen Harmonie und neigen dazu, sich zu isolieren. Bescheidener Wohlstand.*

2 *Die Zwei kann Krankheit bringen. Einfache Gegenmittel: eine Hausnummer aus Metall oder auf einem Metallschild sowie ein Windspiel über dem Eingang. Die Zwei ist gut für ein Leben als Paar. Zuviel Einfühlung in den anderen kann jedoch in Abhängigkeit umschlagen. Rationales Denken wird gefördert.*

3 *Spaß und Lachen. Gute Kommunikation fördert die rasche Entwicklung der Dinge. Es kann Streit geben, doch dauert er nie lange. Die Drei ist die erste magische Zahl, die Intuition wird gefördert. Vorsicht in finanziellen Dingen: Übergroßes Vertrauen und impulsive Entscheidungen können Schwierigkeiten erzeugen.*

4 *Das chinesische Wort für »vier« klingt genau wie das chinesische Wort für »Tod«. Daher wurde diese Zahl gemieden. Stellen Sie sich vor, Sie wohnten in der Hauptstraße Nr.4 und müßten einem chinesischen Geschäftspartner erklären, sie lebten in der »Hauptstraße Tod« . Verstehen Sie die Zurückhaltung? Sollten Sie nach Asien ziehen, meiden Sie Häuser mit der Nummer 4. Im Feng Shui hingegen wird die Vier unter Umständen als vorteilhaft betrachtet. Sie steht dann für Logik, Disziplin, harte Arbeit und ein festes Haus mit gesichertem Einkommen.*

5 *Dieses Haus ist mächtig, und seine Bewohner stehen häufig im Mittelpunkt. Bei guter Balance ist die Energie sehr kreativ, unausgewogen schlägt sie um in Destruktivität oder Arroganz. Weil hier Aktivität und Erfolg herrschen, spielen Studium und Ruhe nur eine geringe Rolle. Die Fünf ist die zweite magische Zahl.*

Die westliche Technik

Entsprechend der Tabelle rechts wird jedem Buchstaben eine bestimmte Zahl zugeordnet. Alle Zahlen werden addiert; hat das Ergebnis mehr als eine Stelle, werden die Ziffern nochmals addiert, bis man ein einstelliges Ergebnis erhält. Die entsprechende Interpretation finden Sie im Kasten unten.

Übersetzungstabelle

a	b	c	d	e	f	g	h	i
j	k	l	m	n	o	p	q	r
s	t	u	v	w	x	y	z	
1	2	3	4	5	6	7	8	9

Für unser Beispiel heißt das:
FENG SHUI COMPANY
6557 +1839 +3647157
= 90 = 9

6 Die Sechs ist sehr praktisch veranlagt und verspricht mittleren Wohlstand. Die Bewohner sind sozial orientiert. Ein gutes Haus für eine Familie. Mit Geld sollte man vorsichtig umgehen und etwas davon beiseite legen; hier ist eine Ahnung von wohlhabender Kindheit, leichten Schwierigkeiten in den mittleren Jahren und Problemen im Alter.

7 In der Periode bis zum Jahr 2003 ist die Sieben die herrschende Zahl. Danach sollten Sie es den Chinesen gleichtun und die Hausnumer einfach in eine Acht umändern! Die Sieben steht für Bildung und gutes Einkommen bei großer Sensibilität für die tiefgründigen Aspekte des Lebens. Schwierigkeiten im Zusammenleben mit anderen.

8 Die Acht ist die Glückszahl per se, ausgewogen und harmonisch. Das Finanzielle wird stark gefördert. Mit gesunder Urteilskraft lassen sich gut Geschäfte machen. Sie gewinnen Freunde und Anerkennung, aber auch Selbsterkenntnis und tiefes Wissen. Übersteigerter Materialismus und Reichtum können Probleme bereiten, so daß Sie einen Teil Ihres Wohlstandes zum Wohle anderer verwenden sollten.

9 Die Neun ist eine glücksbringende Zahl unter dem Einfluß des Intellekts. Die Bewohner sind schlau, selbstsicher und ehrgeizig, dabei mit einer gewissen Autorität ausgestattet. Gut für Karriere und Anerkennung.

- *Eine Null in der Hausnummer bringt ein zusätzliches Element von Kraft und Wissen.*

- *Die Bedeutung von Hausnummern mit Doppelziffern ergibt sich aus den Bedeutungen der Einzelziffern. Dabei zählt aber vor allem ihre Quersumme. Lebt man also in Nummer 31, so zählen die 3 und die 1, aber vor allem die 4. In Nummer 56 zählt vor allem die 2 (5+6 = 11 = 2), doch 5 und 6 stellen starke Aszendenten dar.*

Der Vorgarten

Der Weg von der Straße zur Haustür sollte leicht mäandernd angelegt werden, wie ein behäbiger Fluß. Dabei sollte er zur Straßenseite breiter sein und sich zum Haus hin verjüngen. Wählen Sie einen unauffälligen Bodenbelag. Ein gerader Zugang von gleichbleibender Breite lenkt vergiftete Pfeile auf Ihr Haus, da Energie zu schnell und unkontrolliert heranfließt. Wo der Weg zur Straßenseite hin schmaler als an der Eingangstür ist, könnten besonders männliche Familienmitglieder Probleme bei der Stellensuche haben.

Unglücklich ist auch, wenn der Weg direkt vor der Haustür eine T-Verzweigung macht, so daß ein Pfad z.B. zur Garage und der andere in den Garten führt. Die Folge kann eine Entscheidungsschwäche der Hausbewohner sein. Idealerweise führt der Hauptweg zur Straße, während schmalere Seitenwege, wie zur Garage, davon abzweigen.

Das Gartentor sollte in einem nach oben weisenden glückbringenden Abschluß enden. Das beste Material ist Metall. Quietschende Scharniere können tatsächlich der Leber schaden, weshalb sie immer gut geölt sein sollten.

Auch ein gegebenenfalls vorhandener Fahrweg zum Haus sollte nahe der Straße breiter sein als vor dem Haus und in sanften Bögen geführt werden. Günstig sind auch U-förmige Fahrwege mit separater Ein- und Ausfahrt sowie ein rundes Beet mitten im Vorplatz.

Hausnamen – nur Schall und Rauch?

Halten Sie es vielleicht für eine gute Idee, Ihrem Haus einen eigenen Namen zu geben? Dann sollten Sie auf jeden Fall darauf achten, daß es ein fröhlich oder sympathisch klingender Name wird. So oder so hat die Wahl starken Einfluß auf die Energie Ihres Heims.

Eine gute Freundin bewohnt ein Haus names »Faraway Cottage« . Wenn sie mich einlädt, freue ich mich schon die ganze Woche auf meinen Besuch in diesem »Häuschen am Ende der Welt«. Natürlich trage ich diese freudige Energie mit ins Haus hinein.

Vor einiger Zeit führte ich eine Beratung bei einer jungen Frau durch, die ein zwar geräumiges, doch etwas vernachlässigtes Haus bewohnte. Neben anderen Ratschlägen empfahl ich ihr, dem Haus einen Namen zu geben. Nach einigen Wochen traf sie eine passende Wahl. Sie hatte sich für den Namen »Avro« entschieden, mit dem im Griechischen ein Wilkommensfeuer im Hauseingang bezeichnet wird.

Vor allem ist wesentlich, den Weg bis zur Haustür sauber zu halten, so daß der energetische Fluß nicht behindert wird; außerdem ist ein sich schlängelnder Pfad, der an der Straße ein bißchen breiter ist, einem geraden Weg immer vorzuziehen.

Hausnummern sollten aufrecht stehen und nach oben weisen.

Befindet sich Glas in der Haustür, sollte es gelb oder blau sein.

Immergrüne Pflanzen in runden Töpfen beidseitig der Tür sind hübsch und hilfreich.

Blumenbeete sollten immer gekrümmte Ränder aufweisen.

Alles Metall außen sollte sauber gepflegt sein – nicht nur der Optik, sondern der Energie wegen.

Ein kleiner Teich oder Springbrunnen bringen das segensreiche Wasser-Element in den Garten.

Der Pfad oder Weg liegt unter weißem oder grauem Kies.

Eine Stufe vor der Haustür hebt Geist und Energie.

Eisentörchen sollten nach außen ansteigen.

Betonkugeln oder auswärts blickende Fu-Hunde auf den Torpfosten schützen das Haus wirksam.

Gutes Feng Shui für den Vorgarten

- Wenn Sie sich beim Verlassen des Hauses an mehreren Mülltonnen, Gerümpel und wuchernden Büschen vorbeikämpfen müssen, werden auch die Gelegenheiten des Lebens nur mit Schwierigkeiten zu Ihnen vordringen können. Halten Sie den Eingangsbereich frei und sauber.

- Die Außenleuchte neben dem Eingang sollte hell leuchten, ohne Fußgänger oder Autofahrer zu blenden.

- Gegen den negativen Einfluß eines Baums oder Mastes direkt vor der Haustür hilft ein konvexer Spiegel.

Der Weg von der Straße zum Haus sollte in leichten Bögen verlaufen und zum Haus hin schmaler werden.

- Ein Kanaldeckel sollte auf jeden Fall überdeckt werden – direkt vor dem Eingang mit einer Matte, sonst mit Pflanzkübeln.

- Abflüsse und Rohre stehen in Beziehung zu Verdauung und Finanzen. Achten Sie darauf, daß sie nicht verstopft sind. In tropischen Ländern, bzw. wenn Ihr Haus nach Norden, Süden, Osten oder Westen zeigt, sollten die Abwässer von links nach rechts fließen. Zeigt die Haustür nach Nordosten, Nordwesten, Südosten oder Südwesten, sollte die Fließrichtung von rechts nach links laufen.

- Oft empfehle ich, unmittelbar vor dem Haus eine Fläche mit grauem oder weißem Kies anzulegen. Sie braucht wenig Pflege und erzeugt positive Assoziationen an das glückbringende Meer.

- Wasser vor dem Haus zieht günstige Gelegenheiten an.

- Pflanzen spenden ausgesprochen gesundes Chi. Zwei Kübel neben dem Eingang mit immergrüner und blühender Bepflanzung leiten gesunde Energie direkt ins Haus.

- Autos sind wie Tiger. Sie bewegen sich zu schnell und üben Druck auf ein Haus aus. Daher nie direkt vor dem Eingang parken.

- Links und rechts neben dem unteren Ende der Auffahrt plaziert man zwei Findlinge, aus Ziegelsteinen gemauerte Torsäulen, Betonkugeln oder ein Paar Fu-Hunde, um die Energie im Haus zu halten. Speziell die Fu-Hunde haben eine doppelte Aufgabe: Zum einen bewahren sie die Hausenergie, zum anderen wirken sie psychologisch abschreckend gegen Einbrecher, da sie den Eindruck vermitteln, das Haus werde wohl bewacht.

- Fu-Hunde müssen immer als Paar aufgestellt werden, alles andere bringt Unglück. Beim Kauf bei einem Antiquitätenhändler sollte man sich über ihre Herkunft erkundigen. Stammen sie von einem alten Tempel, könnte es sein, daß sie mit einer Energie aufgeladen sind, die sich nur schwer kontrollieren läßt. Hier kauft man besser zwei neue. Ein gutes westliches Äquivalent sind Löwen- oder Greifenfiguren, die man auch ohne weiteres aufstellen kann.

- Je eine Lampe auf den Säulen neben der Auffahrt zieht mehr Energie ins Haus.

Günstig ist eine Innentreppe, die nicht direkt zur Haustür führt. So wird verhindert, daß zu viel Energie unkontrolliert aus dem Haus entweicht.

Hinter der Haustür

Die Anordnung von Vorder- und Hintereingang hat großen Einfluß auf das Feng Shui eines Hauses. Liegen sie einander in gerader Linie gegenüber, kann es sein, daß sich die Ereignisse Ihres Lebens nur schwer kontrollieren lassen. Der Luftzug beeinträchtigt Gesundheit, Arbeit und Entscheidungsfähigkeit. Geld fließt ungehindert ein und aus.

Das Problem wird durch zu große Glasflächen in einer oder beiden Türen sogar noch gefördert. Hier hilft nur eins: Verstärken Sie die Türen, und stellen Sie eine Kommode oder ähnliches an eine Wand des Flurs, damit Besucher gezwungen werden, sich leicht schlängelnd vorwärts zu bewegen und ihre Energie abzubremsen. Weitere Heilmittel sind ein Vorhang zwischen den Türen oder eine kleine polierte Silberkugel, die an einem roten Band vor das Fenster der Hintertür gehängt wird, um die Energie zurückzuspiegeln. Die beste Lösung ist jedoch, die Hintertür zuzumauern und an eine andere Stelle zu setzen.

Bei Klienten von mir konnte ich erleben, wie sie in neuerwachter Begeisterung für modernes Design zwei Glastüren installieren ließen. Kurz darauf wurde dem Mann gekündigt. Dann wurde eine Tür wieder zurückgebaut – und, wenig überraschend, erhielt der Ernährer der Familie kurz darauf wieder einen Arbeitsvertrag.

Entsprechendes gilt für allzu volle Dielen. Der Flur ist dazu da, eine Verbindung zu den übrigen Räumen und Wohnbereichen herzustellen, so, wie ein breiter Bewässerungskanal den Zufluß zu den kleineren Gräben sicherstellt. Wenn Diele und Flur mit Möbeln und Hausrat verstellt sind, können damit nicht nur die restlichen Räume, sondern eben auch die entsprechenden Lebensbereiche blockiert werden. Depression und Antriebslosigkeit können hier ihre Ursache haben.

Der warme, erdige Farbton dieser Haustür wirkt sehr einladend. Bei diesem Haus öffnet sie sich weit in den Wissensbereich.

Gutes Feng Shui für den Eingangsbereich

- Der Bereich unmittelbar hinter der Eingangstür heißt im Chinesischen »Ming Tang« , der helle Ort. Wo dieser Bereich dunkel und schmuddelig wirkt, wird es nicht leicht, seinen Lebensweg zu finden. Die Diele muß hell, frisch und gut beleuchtet sein. Der Durchgang soll nicht von Möbelstücken behindert werden.

- Flure sollten nicht zu lang und eng sein. Sonst könnte das Chi zusammengepreßt werden und seine hilfreiche Wirkung nicht mehr voll entfalten.

- Wendeltreppen ab einer ganzen Umdrehung können der Gesundheit schaden, speziell wenn sie in der Mitte des Hauses liegen. Wenn man Energie dazu zwingt, sich zu winden oder durch enge Öffnungen zu pressen, wird sie destruktiv. Achten Sie einmal auf die Rolle von Wendeltreppen in Gruselfilmen!

- Treppen sollten nicht direkt zur Haustür hinführen, weil das zu viel Energie aus dem Haus leitet. Ideale Treppen sind weit und geschwungen, was die Energie zu sanften Bewegungen einlädt.

- Im ganzen Haus sollte etwa die gleiche Temperatur herrschen, andernfalls drohen gesundheitliche Probleme.

- Elektrische Installationen entsprechen dem Nervensystem. Überlastete Steckdosen und offenliegende Kabel erzeugen zusätzlichen Streß.

- Fenster müssen klar und sauber sein, weil sie eng mit den Augen zusammenhängen. Zerbrochene Scheiben werden sofort ersetzt – schließlich wollen Sie ja die Welt so sehen, wie sie wirklich ist.

- Baguaspiegel ziehen positive Energie an und wehren negative Energie ab. Wo dem Hauseingang von außen schlechter Einfluß droht, wird so ein Spiegel auf, über oder neben der Tür in Richtung der schädlichen Energie angebracht. Auch nach vorne zeigende Fenster kommen als Anbringungsort in Frage.

- Ein Baguaspiegel an der Haustür ist ebenfalls angezeigt, wenn Sie beispielsweise in einem heilenden Beruf tätig sind, sodaß Ihr Haus von vielen Menschen mit ungesunder Energie besucht wird. Das Gleiche gilt, wenn Sie engeren Umgang mit wenigen Menschen haben – als Sekretär, Babysitter oder Assistentin – , die Sie aber nicht so gut kennen. Ein Baguaspiegel schützt vor Personen, die Ihnen oder Ihrer Familie nicht wohlgesonnen sind.

Die Garage

Garagen und Autos sollten in einiger Entfernung vom Haus stehen. Autos bewegen sich zu schnell, und ihre Energie kann für die Hausbewohner zu einer Gefahr werden. Falls unmittelbar hinter der Garage ein Raum liegt, sollte er als Wäsche- oder Abstellraum genutzt und möglichst selten betreten werden. Am besten zeigt das Garagentor nach Norden, um die Tigerenergie des Wagens ruhig zu halten.

Wohnzimmer

Wohnzimmer oder Salon entsprechen der Seite von Ihnen, die Sie der Außenwelt zeigen. Hier kommt man zusammen, empfängt seine Freunde oder entspannt sich nach einem harten Arbeitstag. Beim Wohnzimmer ist nicht Funktionalität, wie bei der Küche, sondern einladende Wärme und Komfort gefragt.

Wir hatten es schon einmal gesagt, die erste Regel für sämtliche Räume lautet: Nicht vollstellen! Man entspannt sich nicht so leicht, wenn das Wohnzimmer vollgestopft ist mit Zeitschriften, Büchern, Pflanzen, Spielen, Stricksachen und allem möglichen anderen Kram. Wo der Blick auf eine benutzte Kaffeetasse fällt, stellt sich die rechte Ruhe nicht ein, weil Sie wissen, daß sie eigentlich in die Küche gehört.

Mit diesem Vorhang aus Holzperlen ist auf geschickte Weise eine kleinere Sitzecke von einem größeren Wohnzimmer abgetrennt worden.

Der wichtigste Einrichtungsgegenstand im Wohnzimmer ist heutzutage sicherlich der Fernseher. Dieser Gegenstand verfügt über eine mächtige Energie; noch drei Tage nach dem Abschalten strahlt er ein Feld elektromagnetischer Wellen ab. Das heißt, Sie stehen mit diesem Gerät in Verbindung, selbst wenn es abgeschaltet ist. Im eingeschalteten Zustand wirken Fernseher beinahe hypnotisch, weil ihre Bildfrequenz im Bereich der Alphawellen des Gehirns liegt und uns in einen Zustand hypnotischer Entspannung versetzt. Achten Sie darauf, wie Sie selbst oder Ihre Familie sich vor dem Fernseher verhalten. Meine primitive, aber recht wirkungsvolle Methode zum Aufspüren der Feldstärke von Elektrogeräten besteht darin: Man stellt ein Radio mit MW-Empfang auf einen Frequenzbereich zwischen zwei Sendern ein und geht damit im Raum umher. Wo das elektromagnetische Feld eine bestimmte Stärke übersteigt, z.B. in der Nähe des Fernsehers, ist es als starkes Rauschen im Radio zu hören. Richten Sie

danach die Anordnung Ihrer Sitzgelegenheiten aus. Die negative Energie des Fernsehers fängt sich in einem Holzschrank. Schließen Sie dessen Türen, wenn Sie den Raum für andere Zwecke benutzen möchten. Auch ein heller Blickfang wie etwa ein Aquarium in der Nähe des Fernsehers kann etwas von dessen Energie absorbieren.

In einem großen Haus mit vielen Tagesräumen, zum Beispiel mit Spielzimmer, Studio, TV-Zimmer und Frühstücksraum, kann es leicht passieren, daß sich die Familie verstreut. Regen Sie deshalb an, daß sämtliche Familienmitglieder während bestimmter Stunden nur einen dafür vorgesehenen Familienraum nutzen. Das mag zwar etwas chaotisch werden, doch stärkt es den Familienzusammenhalt. Darf ich außerdem vorschlagen, im Haus nur einen Fernseher zu haben?

In diesem Raum gibt es zwei Sitzbereiche: einen für Gespräche vor dem offenen Kamin, und einen zweiten zum Fernsehen. Die großen Pflanzen frischen die Atmosphäre auf.

Wo der Platz ausreicht, läßt sich das Wohnzimmer in zwei Bereiche teilen: einen mit kreisförmig arrangierten Möbeln für gemütliche Unterhaltungen und einen zweiten zum Fernsehen. Die besten Farben zur Gestaltung von Wohnzimmern sind Gelb, Rosa oder Pfirsich – alles, was warm und einladend wirkt. Weitere Einrichtungsvorschläge finden Sie auf der gegenüberliegenden Seite.

Vorhänge vor Fenstern wirken weicher als Jalousien.

Große Pflanzen sind unentbehrlich, um die elektrische Energie eines Fernsehers aufzusaugen.

Ein offener, regelmäßig genutzter Kamin fördert die freundliche Atmosphäre des Wohnzimmers.

Kerzen, Lichter oder ein kleines Aquarium in einer Ecke des Raums verbreiten eine friedvolle Stimmung.

Falls im Wohnzimmer ein Fernsehen stehen muß, plaziert man es am besten in einem verschließbaren Wandschrank.

Das beste Material für den Kaffeetisch ist Holz. Runde oder ovale Formen fördern die Kommunikation.

Halten Sie alle Regale so niedrig wie möglich, um das Gefühl zu vermeiden, sie könnten auf Sie herabstürzen.

Diesen Raum schmücken Bilder mit fröhlichen, spielenden Menschen.

Sessel stellt man vorzugsweise mit Blick zur Tür auf. Liegt hinter einer Sitzgelegenheit ein weiter, offener Bereich, kann sie mit einem dahintergestellten Bücherregal oder Wandschirm geschützt werden.

Gutes Feng Shui für das Wohnzimmer

- Das Wohnzimmer wird vor allem abends genutzt. Darum muß es in warmen Farben gehalten werden, vor allem, wenn es nach Norden oder Nordosten zeigt. Warme Herbstfarben, Gelb- Rot oder Magentatöne, Violett, Rosa, Pfirsich, Orange oder Creme kommen in Frage. Wo viel Grau oder Blau vorkommt, sollten Gelbtöne ausgleichen, um wohnliche Atmosphäre zu erhalten.

- Nichts hat einen so glückbringenden Effekt für die ganze Familie wie ein offener Kamin oder Kachelofen. Man sollte ihn so oft wie möglich anzünden.

- Falls die Raumgröße es zuläßt, teilt man das Wohnzimmer in zwei Bereiche: einen zum Fernsehen und einen mit Couchtisch und entsprechenden Sitzgelegenheiten für gemütliche Gespräche. Versammelt man sich hier, zündet man eine Kerze an. Die Flamme konzentriert die Aufmerksamkeit am Tisch.

- Couchtische sind aus Holz und rund oder oval, was es angenehmer macht, sich um sie zu versammeln. Rechteckige Couchtische können wie eine Barriere wirken, die die Besucher eher voneinander trennt. Glasplatten sollten vermieden werden wegen des klackenden Geräusch beim Abstellen von Gläsern oder Tellern.

Cremefarbene Wände, Magentatöne in den Möbeln und viele Familienphotos erzeugen die warme, einladende Stimmung dieses Wohnzimmers.

- Große Pflanzen absorbieren Elektrosmog und frischen die Luft auf.

- Plazieren Sie Sessel und Sofas mit Blickmöglichkeit zur Tür. Für exponierte Sitzplätze kann mit Hilfe eines Bücherregals, Wandschirms oder einer Kommode ein Gefühl von Sicherheit geschaffen werden.

- Kleine Wasserspiele mit Licht haben einen positiven Einfluß auf den Raum. Das Wasser funktioniert als natürlicher Ionisierer, und das Licht hat einen sammelnden Effekt. Bester Standplatz hierfür ist die hintere linke Ecke, von der Tür aus gesehen.

- Leuchter mit mehreren Kerzen ziehen Menschen an und inspirieren die Gespräche. Zum Lesen oder zur Handarbeit werden Sie dann zusätzliche Punktleuchten benötigen.

- Durch geschickte Anordnung von Spiegeln kann der Raum größer wirken, vor allem, wenn sich Ansichten von Garten oder Wasser ins Innere spiegeln lassen.

- Bilder von fröhlichen Menschenversammlungen können diese Art von Einfluß in einem Raum verstärken.

- Eine facettiert geschliffene Kristallkugel im Fenster läßt die Energie der Sonne im Zimmer herumtanzen.

- Halten Sie die Regale recht niedrig, um den Eindruck zu vermeiden, sie könnten auf einen herunterstürzen.

- Im Wohnzimmer sind Vorhänge jeder anderen Art von Fenstergestaltung vorzuziehen, da sie die weichste Atmosphäre erzeugen.

- Liegt vor Ihrem Haus eine Quelle von Sha, beispielsweise ein Wohnblock mit vielen Fenstern, kann eine geschliffene Kristallkugel diese negative Energie abwenden. Sie wirkt nicht so stark wie ein Baguaspiegel, doch sieht sie dafür auch nicht so orientalisch aus. Sie sollte, an einem roten Band ins Fenster gehängt, von außen gut sichtbar sein.

Küchen

Die Küche wird oft als das Herz des Hauses betrachtet. Sie sollte ein warmer, gemütlicher und wohlriechender Ort sein. Eine ordentliche und saubere Küche hat positiven Einfluß auf finanzielle Dinge und die Gesundheit der Leber. Auch hier gilt die Warnung: Nicht vollstellen! Brauchen Sie wirklich zwei Wasserkocher? Werden Sie jemals die Gewürze verwenden, die Sie aus Grenada mitgebracht haben, oder die Wachteleier, die schon jahrelang im Schrank liegen? Wären all die Kochbücher, die man nur ganz selten benutzt, nicht besser in einem Bücherschrank aufgehoben? Nach Erledigung der Hausaufgaben herumliegende Schulsachen der Kinder wirken ablenkend. Überhaupt

Die runden Kanten der Schränke und Arbeitsflächen geben dieser Küche eine freundliche Stimmung.

ist es nicht gut, wenn in der Küche zu viel los ist. Hier wird gekocht oder ein Schwätzchen gehalten – sonst nichts. Die schönste Küchenenergie ist frisch, hell, konzentriert und tatkräftig.

Der geeignetste Ort für den Arbeitsplatz ist das Zentrum der Küche, von wo der Küchenchef den besten Überblick hat.

Gutes Feng Shui für die Küche

- Die Atmosphäre der Küche soll frisch, hell und einladend sein. Geschlossene Schränke sind besser als Regale.

Als Küchenfarben sind Weiß und Gelb mit kleineren Akzenten in Schwarz oder Dunkelblau geeignet. Der wichtigste Einrichtungsgegenstand ist der Koch- und Arbeitsblock, der am besten separat im Raum plaziert wird, so daß man von dort den Rest des Raums überblicken kann.

Nehmen Sie ein Becken aus Edelstahl und plazieren Sie es vor dem Fenster.

Hölzerne Arbeitsplatten und schöne Tische mit abgerundeten Kanten werden bevorzugt.

Reflektierende Blenden rund um den Herd halten die Feuerenergie zusammen.

Wenn die Aussicht aus dem Küchenfenster nicht so sehr schön ist, hängt man einen Kristall davor.

Kühlschrank oder Becken nicht unmittelbar neben den Herd stellen! Die Vermischung von Feuer und Wasser bringt Unglück.

Gleichartiges Geschirr bringt Ruhe und Frieden.

- Anstriche sollten glänzend, strapazierfähig und leicht sauberzuhalten sein. Als Fußbodenbelag wählt man Holz, Linoleum oder Fliesen; kein Teppichboden. Die Farbgebung hängt etwas davon ab, in welchem Baguafeld die Küche liegt. Generell günstig sind Weiß und Gelb, mit kleineren Anteilen von Schwarz und Dunkelblau.

- Arbeitsflächen und Schränke haben abgerundete Kanten.

- Wenn die Küche zwei Türen hat und diese auch noch einander gegenüberliegen, wird sie schnell zum Durchgangszimmer, was immer viel Unruhe mit sich bringt. Am besten haben Küchen nur eine Tür, so daß sich die Köchin entspannt ihrer Arbeit widmen kann.

Ein Becken aus rostfreiem Edelstahl mit tadellos funktionierendem Abfluß sorgt dafür, daß Sie auch finanziell immer flüssig sind.

- Ein gut zusammengestelltes Service, selbst wenn es aus Steingut ist, erzeugt schönere Harmonie als ein Porzellanservice, das schlecht zusammenpaßt.

- Messer verbreiten eine schneidende Art von Chi und fördern Streit. Sie sollten verdeckt in einem Holzblock oder einer Schublade aufbewahrt werden.

- Abfalleimer haben einen Deckel und werden jeden Tag ausgeleert.

- Herd und Backofen sind die wichtigsten Küchengeräte. Unter Gesichtspunkten des Feng Shui ist das Kochen mit echten Flammen, also z.B. Gas, zu empfehlen. Umgeben Sie den Herd mit einer etwa 10 cm hohen blanken Edelstahlblende. Das kann die Energie der Kochflammen annähernd verdoppeln. Wenn der Platz da ist, sollte die Kochstelle in einem separaten Block mitten in der Küche aufgestellt werden. Das betont nochmals die Küche in ihrer Funktion als Herzstück des Hauses. Um Stagnation in den verschiedenen Bereichen Ihres Lebens zu verhindern, sollten die Kochplatten rotierend reihum benutzt werden. Und vermeiden sie auf jeden Fall, den Herd unmittelbar neben Kühlschrank, Becken, Geschirrspüler oder Waschmaschine zu stellen. Die Konfrontation von Feuer- und Wasserenergien gilt als unglückbringend.

- Der Herd steht am besten an einer Wand, die nach Osten, Südosten oder Südwesten zeigt. Der Norden bringt Konflikte, der Süden bedroht das Haus mit Feuer.

- Zweitwichtigste Kücheneinrichtung ist der Kühlschrank mit seinen Schätzen und Vorräten. Geeignete Farben sind Weiß, Silber, Blau, Grün oder eine Holzverblendung.

- Sehr schlecht für die Aufstellung des Kühlschranks sind Süd-, Südwest- und Nordostwände, was zu Streit führen kann. Alle anderen Ausrichtungen sind in Ordnung.

- Dunstabzugshauben sind in der Küche wenig empfehlenswert. Viel besser ist es, nach Großmutters Art einfach das Fenster zu öffnen, um Kochgerüche abziehen zu lassen. Wenn sich ein Einbau absolut nicht vermeiden läßt, achten Sie zumindest darauf, daß der Ventilator möglichst geräuschlos funktioniert. Küchen haben ihre eigenen Geräusche, und das Vibrieren von Motoren gehört nicht dazu. Auch brummende Kühlschränke und laut rumpelnde Waschmaschinen sollten also schleunigst repariert werden.

- Für Becken und Ablauf ist rostfreier Edelstahl zu empfehlen, er symbolisiert Intuition und Wohlstand. Die beste Aufstellung ist vor einem Fenster. Und der Abfluß muß problemlos frei sein, damit Sie auch in finanziellen Dingen stets flüssig sind.

- Ein Kristall vor dem Küchenfenster hebt die allgemeine Energie dieses Raumes.

Mikrowellen

Beim Thema »Mikrowelle« halte ich mich normalerweise zurück, doch sollte ich auch hierzu etwas sagen. Als ich asiatische Heilkunde studierte, konnte ich immer wieder feststellen: Bei Patienten, die ihre Speisen und Getränke in der Mikrowelle zubereiteten, besserte sich der Gesundheitszustand wesentlich langsamer als bei denjenigen, die auf offener Flamme kochten: Die Zubereitungsweise änderte die Speise. Ich glaube, daß Mikrowellen die Nahrung von innen nach außen erhitzen und ihren Zellaufbau verändern. Falls Sie einen Mikrowellenherd besitzen, lassen Sie ihn regelmäßig überprüfen, und stellen Sie Pflanzen in seine Nähe. Grundsätzlich würde ich es allerdings lieber sehen, Sie würden auf dieses Gerät ganz verzichten.

Eßzimmer

Der Tisch, das Essen und die Unterhaltung sind das, worum sich hier alles dreht. Zeitschriften auf dem Tisch und überladener Prunk wirken da nur ablenkend. Wo der Eßbereich ein Teil des Salons ist, sollte er deutlich mit einem Wandschirm oder ähnlichem abtrennbar sein.

Wenig erfreulich ist es, wenn das Bad in Blick- oder Hörweite des Eßbereichs liegt. Ihre Gäste werden sich da in keinem Fall wohl fühlen.

Auch die Küche sollte man nicht direkt einsehen können. Falls es aus baulichen Gründen doch der Fall sein sollte, können Sie die beiden Bereiche mit einem Vorhang aus Perlschnüren oder einer etwa 2 cm großen Kristallkugel trennen. Entsprechendes gilt für den ebenfalls unerwünschten Blick auf die Haustür.

Gegenüberliegende Seite: An einem ovalen Holztisch läßt sich wahrlich gut speisen.

Der anmutige Blick nach draußen schafft hier zusätzliche Unterstützung für harmonisches Beisammensein.

Die günstigsten Farben für das Eßzimmer sind Rosa, Grün oder Gelb. Runde oder ovale Tische aus massivem Holz erlauben eine konversationsfördernde Sitzanordnung. Auch die Stühle sollten bequem genug sein, damit Ihre Gäste den Tisch nicht zu früh verlassen möchten.

Vorhänge schaffen eine weichere Atmosphäre als Jalousien.

Halten Sie den Tischaufsatz flach, und verzichten Sie nie auf brennende Kerzen.

Zurückhaltende Gäste werden munterer, wenn man sie am oberen Tischende mit Blick zur Tür plaziert.

Stimmungsvoll wirken Gemälde mit festlicher Thematik.

Große Pflanzen in der Zimmerecke erfrischen die Energie.

Überhaupt hat das, was wir vom Eßtisch aus sehen können, einschließlich der Aussicht aus dem Fenster, einen starken Einfluß darauf, ob wir uns beim Essen entspannen und das Mahl genießen können.

Die Eingangstür sollte vom Eßtisch aus nicht sichtbar sein. Viel eher sollten alle Blickrichtungen Ruhe versprechen: Schaut man auf eine belebte Straße, wird Kontemplation schwierig, Bewegungen werden hektischer, das Mahl wird schnell gegessen und die Tafel aufgehoben.

Gutes Feng Shui für das Eßzimmer

- Günstige Farben für den Eßbereich sind Rosa, Pfirsich, Grün oder Gelb. Der Raum sollte komfortabel geheizt sein, doch keinen offenen Kamin haben.

- Auch hier sind Vorhänge wegen ihrer ruhigeren Atmosphäre vorzuziehen.

- Bilder von Menschen bei Picknicks, Parties, großen Festen oder überhaupt bei glücklichen Beschäftigungen erzeugen eine gelassene Atmosphäre.

- Spiegel sind im Eßzimmer ein willkommenes Dekor, denn hier können sie ihre optische Wirkung gut entfalten. Hier und im Bad sind die einzigen Orte, wo man auch zwei Spiegel einander unmittelbar gegenüber aufhängen darf. Die Energie springt hin und her, was wiederum die Unterhaltungen belebt und jede Einladung für Ihre Gäste zu einem Ereignis werden läßt.

- Eßtische sind vorzugsweise rund oder oval. Die Platte sollte nicht aus Glas sein; wenn die Gäste ihre Beine sehen können, fördert das eine Tendenz, aufzustehen und zu gehen. Außerdem entsteht ein unangenehm knallendes Geräusch beim Abstellen von Gläsern oder Besteck. Wichtig sind bequeme Stühle.

- Stellen Sie den Tisch nicht unter einen Dachbalken – die Gäste könnten sich in Gruppen aufgeteilt fühlen.

- Eine ähnliche unerwünschte Separation entsteht durch zu groß und üppig ausfallenden Tischschmuck, der den Blick- und Sprechkontakt der einander gegenübersitzenden Gäste erschwert.

- Zusätzliche Kerzenleuchter können auf Beistelltischchen aufgestellt werden, doch sollten sie nicht heller sein als die zentrale Tischbeleuchtung.

- Außer dem Ehrengast können auch besonders schweigsame Teilnehmer auf den besten Plätzen mit Blick zur Tür plaziert werden. Sie werden sich sicherer fühlen und etwas aus sich herausgehen. Sehr dominante Personen kann man mit dem Rücken zur Tür plazieren; ein leichtes Gefühl von Unsicherheit kann ihren Konversationsdrang etwas dämpfen.

Ein Tischschmuck mit den Elementen Spiegel, Kristall und Kerze regt die Unterhaltung an und schafft Nähe.

Schlafzimmer

Entscheiden Sie sich für ein Bettgestell aus Holz mit geradem Kopfteil.

Dies ist der privateste Raum des ganzen Hauses, Ihr persönliches Reich, in dem Sie mehr Zeit verbringen als in irgend einem anderen Raum. Gäste betreten ihn nur, wenn sie dazu aufgefordert werden.

Sind Sie sehr offenherzig und zeigen ihn gern Ihren Besuchern, oder halten Sie die Tür vor neugierigen Blicken lieber geschlossen? Würde es Ihnen etwas ausmachen, wenn wir diesen Raum jetzt besichtigten? War das Schlafzimmer der letzte Raum, der bei der Gestaltung Ihrer Wohnung an die Reihe kam? Dann neigen Sie vielleicht dazu, auch sich selbst hintenan zu stellen. Sie möchten mit Respekt behandelt werden, daher

müssen Sie auch diesen Raum mit Respekt behandeln, denn er repräsentiert Ihr wahres Ich. Der beste Platz für das Schlafzimmer ist der hintere Teil des Hauses. Ideal ist die hintere rechte Ecke des Baguaschemas, die für den Beziehungsbereich steht. Hier wirkt die weichste und femininste Energie des ganzen Hauses. Liegt das Schlafzimmer nach Südwesten – um so besser. Dann werden Behaglichkeit und Ruhe besonders gefördert.

Eine bequeme Sitzgelegenheit fördert die gemütliche Atmosphäre des Schlafzimmers.

Wie immer, gilt auch hier die Warnung vor zuviel Mobiliar und Dekor. Fällt der erste Blick am Morgen auf einen Berg von Kleidungsstücken, die wegsortiert werden müssen, nimmt der Tag schon einen schlechten Anfang. Türmt sich im Schrank eine wilde Sammlung von Schuhen, dann trennen Sie sich doch von all denen, die Sie schon jahrelang nicht mehr getragen haben. Sie werden sie vermutlich nicht mal vermissen. Manche Menschen besitzen so viele Kleidungsstücke, daß sie komplett den Überblick verloren haben. Wieviel Energie muß für deren Aufbewahrung und Pflege aufgewandt werden! Auch hier kann der Satz gelten: Weniger ist mehr. Am besten bewahren Sie Ihre Garderobe in einem separaten Ankleidezimmer auf. Ist es dort etwas unordentlich, schadet das weniger – man schließt einfach die Tür zum Schlafzimmer, das so immer aufgeräumt bleibt.

Im Schlafzimmer sollten keine Bücher gestapelt werden, und erst recht ist hier kein Büro. Dann beginnt die Arbeit vor dem Ankleiden, und der Schlaf wird weniger erholsam sein als erwünscht, da man sich unbewußt weiter mit den Geschäften beschäftigt. Idealerweise befindet sich nichts weiter im Schlafzimmer als die Dinge, von denen auf diesen Seiten die Rede ist.

Art und Aufstellung des Bettes

Grundsätzlich zu empfehlen ist ein Holzbett mit Naturfasermatratze und Laken aus Baumwolle oder Leinen. Synthetische Textilien stören die natürliche Atmungsaktivität des Körpers. Außerdem können schon durch geringe Reibungsbewegungen einige Tausend Volt an statischer Elektrizität entstehen, die die Körperfunktionen ebenfalls beeinträchtigen.

Der ideale Platz für das Bett liegt diagonal gegenüber der Schlafzimmertür. Das Kopfende steht zur Wand. Obwohl dies unserem natürlichen Sicherheitsbedürfnis entspricht, begegne ich immer wieder Menschen, deren Bett frei im Raum steht, weil sie irgendwo gelesen haben, sie sollten in einer bestimmten Richtung schlafen. Doch auch die Kompaßschule des Feng Shui würde sich bei derartigen Fragen an der Formschule (vg. S. 18) orientieren und der korrekten Position des Bettes den Vorrang vor der günstigsten Ausrichtung einräumen.

Das Kopfende zum Fenster schadet Ihrer Leber. Steht das Kopfende halb vor dem Fenster und halb vor der Wand, entstehen zusätzlich Gefühle der Unsicherheit und mangelnder Unterstützung durch einen Elternteil.

Stellen Sie Ihr Bett nie direkt mit dem Fußende zur Tür, das ist die sogenannte Sargstellung. Ihre Energie wird Ihnen dadurch langsam, doch unaufhaltsam entzogen, vor allem, wenn die Tür zu einem danebenliegenden Badezimmer führt. Falls es zu einer derartigen Aufstellung des Betts keine Alternative gibt, sollte es zumindest ein solides Fußende haben. Stellen Sie zudem ein kleines Regal oder Schränkchen vor das Fußende, um die Energie zu verlang-

Reinigung des Bettes

Vor dem Beginn eines neuen Lebenszyklus, also etwa alle sieben Jahre, ist es ratsam, ein neues Bett zu kaufen. Betten absorbieren mehr Energie als andere Möbel, da wir ein Drittel des Lebens darin verbringen und während des Schlafs mehr Energie entladen. Falls ein Neukauf nicht in Frage kommt, ist das Bett folgendermaßen zu reinigen: Man brennt einen Räucherkegel rund um das Bett ab. Dann läßt man eine Schale mit Kalk 27 Tage lang unter dem Bett stehen, besprenkelt es anschließend mit geweihtem Wasser und kauft neue Bettwäsche. Teilt man mit einem neuen Partner ein Bett aus einer gescheiterten Beziehung, steht auch die neue Beziehung gleich unter einem schlechten Vorzeichen.

samen. Wenn dafür kein Platz ist, können Sie den schlechten Einfluß etwas abmildern mit einem Vorhang und einer 20 Millimeter dicken Kristallkugel vor der Tür (vgl. »Das zweite Heilmittel«). Insgesamt sollte aber die Aufstellung vor einer Badezimmertür zur Abwendung schwerer gesundheitlicher und finanzieller Schäden – wenn eben möglich – vermieden werden.

Schläft man zu nahe an einer Türe, erlahmt die Wachsamkeit des Unterbewußten aus Schutzbedürfnis nie, was zu ungesundem Schlaf und geschwächter Gesundheit führt.

Die beste Beleuchtung fürs Schlafzimmer sind klare, helle Halogenleuchten, die direkt über dem Kopfbereich hängen.

Balken und Zimmerdecken

Schlafzimmer sollten eine möglichst ausgeglichene Form haben, schräge Decken und Wände sind nicht so günstig. Sichtbare Balken können die Kommunikation stören. Besondere Gefahren für die Beziehung gehen von einem Balken aus, der längs über dem Bett verläuft. Steht das Bett quer unter einem Balken, kann der darunterliegende Körperteil auf Dauer stark geschwächt werden.

Ich begegnete einmal einer jungen Frau, die die Angewohnheit hatte, in einem Bett zu schlafen, über dem etwa in Höhe ihres Magens ein Balken verlief. Sie hatte zwei Jahre lang hart gearbeitet, um sich das Geld für einen einjährigen Afrikaaufenthalt zusammenzusparen. Kaum dort angekommen, erlitt sie eine Magen-Darm-Infektion, die sich so schlimm entwickelte, daß sie ihre Reise abbrechen mußte. Zu Hause besuchte sie mehrere Ärzte und selbst ein spezielles Krankenhaus für Tropenkrankheiten – doch nichts half. Neben der ursprünglichen Infektion entwickelten sich gynäkologische Probleme. So ging es zwei Jahre, dann lernte ich sie kennen, und eine meiner ersten Maßnahmen war es, ihr Bett aus dem Einfluß des Balkens wegzuschieben. Drei Monate später war ihre Gesundheit wieder hergestellt.

Das mag sich nach einem Zufall anhören, doch gibt es auch eine gute Erklärung. Zunächst hatte das jahrelange Schlafen unter dem Balken ihren Magen soweit geschwächt, daß sie beim ersten Kontakt mit der afrikanischen Bakterienwelt

Über die Tatsache hinaus, daß man in einem Raum bar jeder Unordnung besser schläft, sollte das Bett an einem möglichst »günstigen« Platz stehen. Die besten und wirkungsvollsten Farben für Schlafzimmer sind Pink, Rot, Gelb, Orange, Lavendel, Pfirsich, Terrakotta oder Crème – je stärker der Farbton, desto stärker der Einfluß.

Auch hier helfen große Pflanzen dabei, die Atmosphäre zu reinigen.

Eine geschliffene Kristallkugel im Fenster bringt mehr Leidenschaft in die Liebesbeziehung.

Spiegel sollten rund oder oval sein – und vor allem ihre Position muß um des guten Schlafes willen bedacht sein.

Ein paar rote Kleinigkeiten wie etwa dieses Band helfen dem Energiefeld des Raumes.

Handspiegel immer mit dem Gesicht nach unten liegenlassen.

Man sollte versuchen, wenigstens ein Bild von einem glücklichen, lächelnden Paar im Schlafzimmer zu haben – aber auf keinen Fall Bilder von Kindern!

Viele Kissen machen das Bett erst gemütlich und luxuriös.

Nachttischchen sollten abgerundet sein, aber auf gar keinen Fall unterschiedlich. Leselampen sollten sich ebenfalls entsprechen, aber vor allem hell genug sein, daß die Augen sich entspannen.

Rote oder rosafarbene Blumen in weißen Vasen im Schlafzimmer intensivieren Liebesgeschichten.

Vorhänge vor dem Fenster ergeben viel weicheres Licht als Jalousien oder Rollos.

die Infektion mit dem erwähnt heftigen Verlauf erlitt. Auch danach trat keine Besserung ein, weil sie weiter unter dem Dachbalken schlief. Wenn wir schlafen, verlangsamen sich alle Körperfunktionen, und die körpereigenen Heilungsprozesse können beginnen. In ihrem Fall konnten Medizin und Selbstheilung nicht wirksam werden, weil ihr Körper auch nachts seine Energie dafür verbrauchte, sich gegen den konstanten Druck des Balkens über ihm zu wehren.

Es gibt eine Art von »verstecktem Balken« über Ihrem Kopf, der sich genau so schädlich auswirkt wie dieser: Schränke und Regale. Manche Schlafzimmer sind so eingerichtet, daß das Bett geradezu in eine aus Regalen oder Schränken gebildete Nische hineinragt. Das übt einen sehr großen und gefährlichen Druck auf die Schlafenden aus. Jungen Menschen mag das nicht so viel ausmachen, doch Ältere mit ihrem schwächer werdenden Chi sind derartigen negativen Einflüssen schutzloser ausgesetzt – wie ja auch sowieso zu beobachten ist, daß gerade Ältere mit

Einflüsse der Schlafrichtung

Mit der Schlafrichtung ist diejenige Richtung gemeint, in die Ihr Kopf nachts zeigt. Ich empfehle Ihnen sehr, verschiedene Richtungen auszuprobieren und auf die Unterschiede zu achten. Einige allgemeine Grundregeln sind die folgenden:

Süden *Dies ist eine gute Schlafrichtung für Menschen, die sehr intellektuell arbeiten, viel schreiben oder sich auf eine Prüfung vorbereiten.*

Südosten *In dieser Schlafrichtung absorbieren Sie Energie, die für Beziehungen und Finanzen hilfreich sind.*

Osten *Ihr Schlaf ist erfrischend, und Sie können morgens leicht aufstehen. Gut für Karriere und Gelddinge. Bei großer Morgenmüdigkeit sollten Sie 27 Nächte lang nach Osten schlafen und eine gewisse Besserung verspüren.*

Nordosten *Fördert den Ehrgeiz, doch kann auch der Schlaf unruhiger werden. Sie werden leichter schwanger, wenn sie 27 Nächte lang in dieser Richtung schlafen.*

Norden *Gibt gesunden, tiefen, ruhigen Schlaf. Bei Schlafstörungen 27 Nächte lang in dieser Richtung schlafen.*

Nordwesten *Diese Schlafrichtung hilft Ihnen bei der Förderung Ihrer Familie. Ein Unternehmensleiter entwickelt in dieser Schlafrichtung größere Klarheit und organisatorische Fähigkeiten.*

Westen *Diese Richtung gibt ein Gefühl von Zufriedenheit. Hilfreich für Menschen mit zu viel Streß, in einem Sabbatjahr oder nach der Pensionierung.*

Südwesten *Diese Richtung kann der Gesundheit schaden und ist wenig empfehlenswert.*

ihren etwas reduzierten Körperkräften seismographischer auf Umwelteinflüsse reagieren. Generell aber gilt: Über oder neben dem Kopfende sollte sich nichts befinden, keine Regale, keine schweren Bilder, keine schrägen Wände.

Verschiedene Arten von Betten

Metallrahmen unter Matratzen können geopathischen oder elektromagnetischen Streß erzeugen und natürliche Heilkräfte des Körpers beeinträchtigen.

Wasserbetten werden normalerweise von elektrischen Heizstäben aus Metall erwärmt. Wasser und Feuer zusammen wirken destruktiv, und das elektrische Feld der Heizelemente stört den gesunden Schlafrhythmus.

Blau wirkt im Schlafzimmer sehr beruhigend und ist gerade für nach Norden zeigende Zimmer wie geschaffen. Vorhänge mit einem schönen Rosaton bringen die nötige Weichheit.

Futons gehören mit zu den besten Bettkonstruktionen, da sie meist vollständig aus natürlichen Materialien gefertigt werden. Leider sind sie etwas flach, denn das ideale Bett sollte 60 bis 70 Zentimeter hoch sein.

Himmelbetten mit einem Baldachin können zu Gefühlen von Isolation führen. Das Aufstehen aus ihnen ist nicht immer ganz leicht. Runde Betten und Matratzen machen Beziehungen unstabil und kurzlebig

Das Kopfende und seine Formen

Geschwungene Kopfenden stehen im Einfluß des Elements Metall. Sie sind günstig für alle, die im Zeichen des Metalls geboren sind, sowie für folgende Berufe und Tätigkeiten: Buchhalter, Verwalter, Anwälte und Sekretäre, Büroarbeiter, Betreiber einer Kampfsportart, Juweliere, Finanziers, Entertainer, Verkäufer, Politiker, Wachmänner, Ingenieure, Philosophen und natürlich metallbearbeitende Berufe.

Quadratische Kopfenden gehören zum Element Erde. Diese Form bringt denen Glück, die in einem Erde-Jahr geboren sind, sowie Immobilienmaklern, Lehrern, Töpfern, Bauern, Restaurateuren, Leitern kommunaler Organisationen, Beamten, Ministerpräsidenten, Pfarrern und Priestern, Schauspielern, Auktionatoren, Richtern, Wissenschaftlern, Polizeibeamten und Revolutionären.

Rechteckige Kopfenden beziehen sich auf das Element Holz. Für Journalisten, Komponisten, Chirurgen, Betreiber einer Kampfsportart, Forscher, Förster, Erfinder, Politiker, Protokollchefs, Tischler, Verkäufer, in Film, Rundfunk, Fernsehen oder Werbung kreativ oder verantwortlich Tätige, Börsenmakler sowie alle, die in einem Holz-Jahr geboren sind, verheißt diese Form Glück, Zufriedenheit und Erfüllung.

Das Bett mit den sich türmenden weißen Kissen wirkt gemütlich und bequem. Die schwenkbaren Leselampen sorgen für gutes Licht.

Spitze oder dreieckige Formen gehören zum Element Feuer und sind generell nicht empfehlenswert. Man schläft schlecht, und das Leben kann außer Kontrolle geraten.

Wellenförmige Kopfenden stehen unter dem Zeichen des Wassers. Auf Wassergeborene sowie Schriftsteller, Musiker, Maler, Entertainer, Gastwirte oder Fischer hat diese Form einen günstigen Einfluß.

Spiegel

Spiegel erzeugen eine eigene Realität und können Energie vom Betrachter weg- und auf sich hinlenken. Wählen Sie daher im Schlafbereich nur runde oder ovale Spiegelformen. Als Experiment können Sie einen Spiegel so vor Ihrem Bett aufstellen, daß Sie sich liegend darin sehen können. Sie werden feststellen, daß Sie daraufhin häufiger während der Nacht aufwachen. Der Spiegel raubt Ihnen Energie, die Ihr

Körper zur Erholung und Selbstheilung benötigt. Wenn Sie gesund schlafen möchten, beenden Sie also dieses Experiment recht bald.

Falls der Kleiderschrank eine Spiegeltür hat, in der Sie sich vom Bett aus sehen können, sollten Sie den Spiegel nachts mit einem Vorhang verdecken. Das gleiche gilt für direkt über dem Bett angebrachte Spiegel. Vorsicht auch mit offen daliegenden Handspiegeln; sie können Energie in unkontrollierter Weise durch den Raum schießen. Die besten Spiegelformen für Schlafzimmer sind rund oder oval.

Gutes Feng Shui für das Schlafzimmer

- Allgemein kann das Schlafzimmer jede Farbe haben, die Ihnen gefällt – Rosa, Rot, Violett, Gelb, Orange, Lavendel, Pfirsich, Terrakotta oder Creme. Je stärker der Farbton, desto stärker sein Einfluß auf Sie. Mit Blau und Schwarz sollte man sparsam umgehen. Vorsicht mit Grau, Weiß, Gold oder Silber, sie schwächen die weibliche Energie.

- Auf jeden Fall sollten Sie einige rote Dinge integrieren – als Bild, als Kissen oder als Schleife, die zur Zierde irgendwo befestigt wird.

- Streifen und stark kontrastierende Wandflächen – ein dunkles Violett neben einem hellen Gelbton – können zu Streitereien führen. Vermeiden Sie derartige Gestaltungsformen.

- Die Decke soll heller gestrichen sein als die Wände. Eine dunkle Decke preßt Ihr Energiefeld zusammen und wirkt hemmend.

- Stellen Sie wenigstens eine große Pflanze zur Energieauffrischung ins Schlafzimmer. Große Pflanzen besitzen ein stärkeres Chi als kleine und lassen den Raum weniger vollgestellt wirken.

- Eine im Fenster hängende Kristallkugel bringt mehr Leidenschaft in Ihre Beziehung.

- Überall im Haus ist es in Ordnung, Bilder Ihrer Kinder aufzustellen – nur nicht im Schlafzimmer. Dort sollten Sie sich weniger als Elternteil, sondern als Partner in einer Beziehung oder ganz als Sie selbst fühlen können.

Eine ins Fenster gehängte kleine glänzende Kugel mit rotem Band kann wie eine nicht zu große Kristallkugel ungünstige Einflüsse von außen abwehren. Einige rote Dinge im Schlafzimmer sind insgesamt hilfreich.

- Als Bilder zu empfehlen sind stattdessen gelungene Aufnahmen von Ihrer Hochzeit oder von anderen glücklichen Situationen, sowie jede Art von Bildern, die zu einer geschützten, fröhlichen Atmosphäre beitragen.

- Das Schlafzimmer soll Weichheit und Wärme ausstrahlen. Dazu gehören viele Kissen und Vorhänge statt Jalousien.

- Ein Fernseher gehört jedenfalls nicht hierher! Ist er wirklich nicht zu vermeiden, plaziert man ihn in einem Schrank oder läßt eine Abdeckung anfertigen.

- Die Schlafzimmertür sollte sich weit öffnen lassen, damit Ihrer Beziehung genügend neue Energie zufließen kann. Hängen oder stapeln Sie also bitte keine Dinge hinter der Tür.

- Halten Sie den Raum unter dem Bett frei und sauber. Er ist kein Vorratsplatz für Kleidung, Bettzeug oder Bücher.

- Auf beiden Seiten neben dem Bett sollte soviel Platz sein, daß sich niemand von Ihnen eingesperrt fühlt. Die Bettdecke sollte nicht ganz bis zum Boden reichen, um eine ausreichende Luftzirkulation zu ermöglichen.

- Sämtliche Möbelstücke haben abgerundete Ecken, um ungesundes Chi zu vermeiden. Die Nachtschränkchen bilden ein Paar (auch wenn man als Single lebt), damit keiner der Partner eine besondere Machtposition erhält.

- Auch die Leselampen auf jeder Bettseite müssen zueinander passen, und der Lichtschein muß sich genau auf den Kopfbereich richten lassen.

- Halogenlampen enthalten ein sehr breites Wellenspektrum und geben so ein helles, besonders natürlich wirkendes Licht, das auch einer möglichen Winterdepression entgegenwirken kann.

- Wie bereits erwähnt, kommen im Schlafzimmer nur runde oder ovale Spiegel in Betracht, die zudem sorgfältig plaziert werden müssen.

- Die Sicherheit Ihrer Beziehung wird gestärkt durch ein solides Kopfstück des Bettes.

- Was wir nachts anhaben, ist noch wichtiger als unsere Tagesbekleidung, weil sich der Körper nachts erholen und regenerieren muß. Wählen Sie natürliche Materialien.

- Elektrische Heizdecken sind, speziell in kalten Häusern, eine wundervolle Sache, doch sollte man sie vor dem Einschlafen abschalten. Ihr elektromagnetisches Feld stört das körpereigene Energiefeld. Die gute alte Wärmflasche bleibt eine Empfehlung.

- Entscheiden Sie sich für eine durchgehende Matratze ohne Ritze. Die Beziehung zu Ihrem Partner wird an Wärme und Zuneigung gewinnen.

- Eine etwas eingeschlafene Beziehung läßt sich so beleben: Stellen Sie eine weiße Vase mit frischen roten oder rosafarbenen Blumen auf den Nachttisch. Lassen Sie sie dort 27 Tage stehen, doch ersetzen Sie welke Blüten stets durch frische. Danach machen Sie eine Pause von einer Woche und starten dann einen neuen 27tägigen Zyklus. Dies können sie regelmäßig wiederholen.

Räume für ältere Familienangehörige

Ältere Familienangehörige verdienen unsere Liebe und unseren Respekt, denn wir verdanken ihnen das Geschenk unseres Lebens. Wenn es unseren engen Verwandten gut geht, sind auch wir zufrieden; wo sie unglücklich sind, sind wir selbst betroffen.

Bevor ein älterer Verwandter bei Ihnen einzieht, sollte sein oder ihr zukünftiges Zimmer völlig leergemacht werden. Ermutigen Sie Ihren Angehörigen, das Zimmer ganz nach eigenen Vorstellungen zu gestalten und einzurichten. Lassen Sie ihn, selbst mit kleinen Beiträgen, bei der Gestaltung aktiv mitwirken.

Eins der Probleme beim Umzug von einer Wohnung in ein einzelnes Zimmer betrifft die Tatsache, daß man sich von vielen Möbelstücken und Besitztümern trennen muß. Ermutigen Sie Ihren Verwandten, nur die wirklich nützlichen und schönen Dinge mitzubringen, damit das Zimmer keinen vollgestopften und bedrückenden Eindruck macht. Man hängt zum Beispiel an einem alten Schreibtisch, den man vom Vater geerbt hat, und möchte ihn gern als Erinnerungsstück behalten. Wenn im Zimmer dafür wirklich kein Platz ist, sollte man seinen Familienangehörigen davon überzeugen, daß die erinnernde Verbindung viel besser über eine Taschenuhr oder einen Ring gehalten werden kann, als über ein Möbelstück, daß die Energie des Raumes blockiert. Sorgen Sie dafür, daß sich also auch die Tür frei und ungehindert öffnen läßt.

Sehr gut ist es, wenn Ihr Angehöriger die Tür zu seinem Zimmer, die ja jetzt zum Haupteingang des eigenen Bereiches geworden ist, persönlich umgestaltet, zum Beispiel durch einen anderen Türgriff. Bei geschwächter Gesundheit sollte das Zimmer nach Osten oder Südosten zeigen, um möglichst viel Morgenenergie einzufangen.

Gutes Feng Shui für die Zimmer älterer Familienmitglieder

- Handtücher in kräftigen Farben geben mehr Energie. Blau, Pink und Grün sind heilende Farben.

- Vermeiden Sie fluoreszierende Leuchten – sie können zu Kopfschmerzen führen. Sehr gut sind Halogenlampen neben dem Bett. Tageslichtlampen mit ihrem natürlichen Lichtspektrum helfen bettlägerigen Personen.

- Gut sichtbar vom Bett hängen Sie eine kleine Pinwand mit Dingen, die sich auf Ziele oder Vorhaben Ihres Angehörigen beziehen. Möchte der Großvater mit seinen Enkeln beispielsweise in der kommenden Woche ins Kino gehen, so hängt man eine Ankündigung des Films an die Pinwand – und entfernt sie, sobald das Ereignis vorüber ist. Die Pinwand sollte nie überfüllt sein.

- Um zu Betätigungen anzuregen, sollten Dinge wie Radio, Cassettendeck, Stifte, Papier oder Handarbeitssachen leicht zugänglich sein.

Ein schönes Erinnerungsphoto, das den Angehörigen mit anderen Familienmitgliedern zeigt, stärkt das Gefühl familiären Zusammenseins und Zufriedenheit.

- Besuche eines gesunden, freundlichen Haustiers haben eine wunderbare Heilwirkung.

- Ein Aquarium bringt mehr Glück ins Leben. Allerdings soll es nicht zu nahe am Bett stehen, und das Wasser muß immer frisch und sauber sein. Ein Spiegel hinter dem Aquarium verdoppelt dessen Energie.

- Frische, saubere Luft ist lebenswichtig. Medizinische oder hygienische Utensilien bewahrt man am besten im geschlossenen Nachtschränkchen auf. Aromaöle können zum Wohlbefinden beitragen.

- Hängen Sie eine kleine Kristallkugel an einem Silberfaden ins Fenster. Der funkelnde Regenbogen regt die geistige Vitalität an und erneuert die Energie des Zimmers.

- Beachten Sie ansonsten die übrigen Einrichtungshinweise für Schlafzimmer.

Kinderzimmer

Das Kinderzimmer ist ein Ort der Freude. Selbst wenn die Kinder längst aus dem Haus sind, bewahrt dieser Raum seine alte Energie und wird oft anders genutzt.

Berge von Möbeln und Einrichtungsgegenständen halten Kinder davon ab, klar zu denken. Sie werden leicht abgelenkt, was später das Finden ihres Lebenswegs erschwert.

Zu einer ruhigen, friedfertigen Atmosphäre tragen weiche Spielsachen, fröhliche Bilder, ein weicher Teppich und sanfte Farben bei.

Wenn sich eine gewisse Menge abgelegter Kleidungsstücke, alter Spielsachen und Bücher angesammelt hat, überredet man den Nachwuchs, die Sachen einer örtlichen Hilfsorganisation zu spenden. Nehmen Sie das Kind bei dieser Gelegenheit mit – nichts ist schöner, als anderen etwas zu geben, vor allem, wenn es sich um von einem selbst geschätzte Dinge handelt. Außerdem gewöhnen Sie Ihr Kind schon von früh auf daran, sich von unnützem Zeug zu trennen.

Kinderzimmer sollten sich weder ganz hinten im Haus noch neben dem Haupteingang oder gar mitten in der Wohnung befinden, es sei denn, Sie möchten die

Pastellfarben und ein hölzernes Bett sind die ideale Einrichtung.

Kinder bei allen Haushalts-Angelegenheiten dabeihaben. Idealerweise liegt das Kinderzimmer nach Westen hin. Werden bei mehreren Kindern rückseitig gelegene Räume mit benutzt, gibt man sie den älteren Kindern.

Vor allem die Jüngsten lieben sichere Zimmer mit quadratischer oder rechteckiger Grundform. Das Bett steht mit dem Kopfende und einer Seite an der Wand. Das erhöht ihr Gefühl von Sicherheit. Säuglinge schlafen ungestörter mit einem nach Norden oder Westen gerichteten Kopfende des Bettes.

Teenager mögen Räume mit unregelmäßigen Formen. Sie geben ihnen mehr Gestaltungsmöglichkeiten und unterstützen die Entwicklung einer eigenen Identität. Jugendliche sollten mit dem Kopf nach Süden oder Osten liegen, um weniger zu schlafen!

Wie schon erwähnt, dürfen Betten unter keinen überhängenden Einrichtungsgegenständen stehen. Unter einem Balken, einer Deckenschräge oder einem das Kopfende überragenden Regal hat ein Kind größere Schwierigkeiten mit dem früh-

Auch das Kinderzimmer sollte nicht unnötig vollgestellt werden. Sanfte Pastellfarben sind vorzuziehen, und das Bett stellt man an eine fördernde Position.

Quadratische Grundrisse geben ein Gefühl der Sicherheit.

Dekorieren Sie das Zimmer mit Bildern von fröhlichen Menschen. Familienfotos sind besonders zu empfehlen.

Ein runder Kristall im Fenster unterstützt die Kreativität.

Das Kopfende steht gegen eine Wand.

Ein Mobile über dem Fußende verhindert Unfälle.

Das beste Bettenmaterial ist Holz.

Ein Nachttischchen mit Lampe steht nahe am Bett; achten Sie darauf, daß alles sicher und fest steht.

Eine große Pflanze erfrischt die Raumenergie.

morgendlichen Aufstehen. Quer zum Bett verlaufende Balken beeinträchtigen die Gesundheit. Doch haben Kinder generell sehr starke Lebensenergie und können mit negativen Einwirkungen besser fertigwerden als Erwachsene.

Beim Bett entscheidet man sich am besten für ein solides Holzgestell mit Bettwäsche aus Naturfasern. Himmelbetten können ein Gefühl von Isolation fördern. Auch Etagenbetten sind nicht so geeignet. Das Kind im unteren Bett kann sich eingeschlossen fühlen, während das Kind im oberen Bett durch den geschwächten Bezug zur Erde zu Unsicherheiten neigen kann. Ein Fenster hinter dem Kopfende unterstützt Quengeleien; steht das Kopfende halb vor einer Wand, erlebt das Kind einen Elternteil als weniger unterstützend.

Gutes Feng Shui für das Kinderzimmer

- Gedämpfte Farben fördern den Schlaf, die speziellen Farbtöne richten sich nach den persönlichen Sternen des Kindes. Seien Sie sparsam mit Rottönen.

- Ein Foto direkt neben dem Bett mit dem Kind und seinen Eltern in vertrauter Gemeinsamkeit unterstützt das Sicherheitsempfinden. Gelegentlich kann man das Bild durch ein aktuelleres ersetzen.

- Gestatten Sie nicht zu viele aggressive Bilder. Ist das Kind in seiner »Dinosaurier« -Phase, ist ein Ausgleich durch einige freundlichere Bilder nötig.

- Die Möbel haben abgerundete Kanten und Ecken. Ein rundes Nachttischchen fördert gute Gesundheit, Leselust und wirkt Streitereien entgegen.

- Eine leicht vom Bett zu erreichende Lampe fördert die Leselust.

- Vorhänge sind besser als Rolladen, Fensterläden oder Rollos.

- Ein Mobilé hängt man nicht direkt über den Kopf eines Säuglings, sondern etwas weiter zu den Füßen hin, wo es immer noch gut gesehen und nicht so leicht abgerissen werden kann.

- Fernsehgerät oder Videorecorder im Kinderzimmer sind wenig schlaffördernd, denn sie laden die Raumenergie mit mehr Aktivität auf.

- Wer sich den Luxus eines eigenen Spielzimmers leisten kann, sollte so viele Spielsachen wie möglich hier aufbewahren. Spielzimmer können in leuchtenden Farben gestrichen werden, um die geistigen Aktivitäten anzuregen, jedoch nicht mit stark kontrastierenden Streifenmustern.

- Wo kein spezielles Spielzimmer vorhanden ist, sollte man das Kind dazu anhalten, den Großteil seiner Spielsachen nachts in einem Regal oder einer Kiste zu verstauen.

- Lebhafte Abbildungen auf dem Kopfkissen können den Schlaf des Kindes stören.

- Mindestens eine große Pflanze sollte die Energie des Kinderzimmers auffrischen. Pflanzen mit runden Blättern sind solchen mit spitzen Kanten oder Dornen eindeutig vorzuziehen.

- Erlauben Sie dem Kind, die Eingangstür seines »Hauses« individuell zu gestalten. Es kann auch die verschiedenen Bagua-Bereiche seines Zimmers individuell gestalten. Eine Lampe und einige Stofftiere im Beziehungsfeld, beispielsweise, helfen dem Kind, unabhängiger und verantwortungsbewußter zu werden. Untersuchungen haben gezeigt, daß Kinder, die ihrem Zimmer eine klare Identität geben können, sich später leichter in die Gemeinschaft einfügen.

- Ein runder Kristall im Fenster fördert die Kreativität.

- Eine hübsche Idee könnte sein, den oberen Abschluß der Wände ringsum mit einem kleinen Gedicht zu verzieren. In einem blauen Mädchenzimmer könnte geschrieben stehen: »Es war einmal eine kleine Prinzessin, die war sehr fröhlich und lebte in einem himmelblauen Zimmer, und jede Nacht, wenn sie träumte, blickten der Mond und die Sterne auf sie herab und lächelten...«

- Eine Alternative hierzu könnte eine große Collage sein. Man nimmt ein Foto des Kindes, klebt oder malt eine Krone dazu, und umgibt es mit weiteren Bildern seiner Geschwister und Eltern. Dazu schreibt man etwa: »Es war einmal ein kleiner Prinz, über den sich alle freuten, und er lebte mit dem guten König und der guten Königin in einem Zimmer, so gelb wie Butterblumen...«

Das Feng Shui des Kinderzimmers verbessern

Im Beziehungsbereich: eine Lampe und Stofftiere
Im Wohlstandsbereich: ein Geldbaum (Affenbrotbaum)
Im Kinderbereich: ein Kristall
Im Bereich des Wissens: Steinsammlung oder Statue
Im Bereich der Ehre: Pokal oder gerahmte Urkunde
Im Berufsbereich: ein Windspiel
Im Bereich der Vorfahren: ein Familienfoto
Im Bereich der Förderer: ein weiterer Kristall

Ein gewölbtes Kopfende wie hier ist am besten aus Metall. Die Bettdecken reichen nicht ganz bis zum Boden, um die Energie frei zirkulieren zu lassen.

Badezimmer und Toilette

Mehr als irgendein anderer Raum des Hauses bezieht sich die Toilette auf Ihre Gesundheit und finanzielle Situation. Sie ist ein Ort des Rückzugs und sollte daher im Haus etwas abseits der Hauptaktivitäten liegen.

Es gab eine Zeit, da waren Toiletten am Ende des Gartens untergebracht; dann wurden sie näher ans Haus verlegt, aber befanden sich immer noch außerhalb. Schließlich wurden sie im Erdgeschoß, dann auch in den oberen Etagen eingebaut.

Klare, kühle Linien, ein abgeschirmtes Toilettenbecken und der Holzfußboden sind ganz im Sinne des Feng Shui.

Runde Spiegel fördern die Kreativität.

Heute grenzen sie oft direkt ans Schlafzimmer an, und der Ehrgeiz mancher Hausbesitzer scheint dahin zu gehen, jedem Hausbewohner einschließlich Gärtner und Besuchern sein eigenes, stilles Örtchen zu reservieren. Im Sinne des Feng Shui bedeutet dies eine enorme Schwächung der Hausenergie. Regel Eins für diesen Ort lautet, den Deckel bei Nichtgebrauch stets geschlossen zu halten. Durch den Abfluß wird ein großes Quantum Energie aus der Wohnung abgezogen; ein geschlossener Deckel wirkt dem entgegen und schützt die betroffenen Lebensaspekte.

Die Lage der Toilette innerhalb des Hauses ist wichtig. Schließen Sie den Deckel vor dem Spülen, um einen zu starken Abfluß der Hausenergie zu verhindern.

Die Badewanne positioniert man so, daß der Badende die Tür im Blick hat.

Spiegel sind sehr dekorativ, doch müssen sie absolut sauber sein.

Das Bad muß ein Fenster haben.

Auch hier helfen große Pflanzen der Raumatmosphäre.

Der beste Bodenbelag besteht aus Fliesen oder Linoleum.

Lage von Bad und Toilette

Bad und Toilette sind am besten in den Baguabereichen der Vorfahren, Förderer, des Berufs oder der Kinder untergebracht. Es ist günstig, wenn der Toilettensitz zur Tür hin abgeschirmt ist.

Lage Über der Haustür
Gefahr Bedrohung für alle Bewohner
Abhilfe Verlegen Sie das Bad an einen anderen Ort, oder hängen Sie einen Baguaspiegel auf die Außenseite der Toilettentür. Er sammelt und reflektiert das Chi, damit die Familienfinanzen nicht direkt durch den Abfluß und zur Haustür hinausgespült werden. Ein schwerer Stein, ein großer Tontopf oder eine Statue im Bad verlangsamen die Energiebewegung. Stellen Sie einen Geldbaum (Affenbrotbaum) auf, und installieren Sie sehr helle aufwärtsgerichtete Wandstrahler.

Lage Im Zentrum der Wohnung, ohne Außenfenster
Gefahr Krankheit und Unfähigkeit, Projekte zu beenden
Abhilfe Die beste Lösung ist die Verlegung der Toilette, die zweitbeste ein Baguaspiegel auf der Tür mit Wirkung zum Flur, um Ihre Gesundheit zu schützen. Das Bad darf nicht vollgestellt werden. Mindestens einmal pro Woche während der Hausreinigung stellen Sie einen Ventilator hinein, um die schlechte Luft auszutauschen. Benutzen Sie eine Lampe mit Aromaöl.

Lage Gegenüber der Haustür
Gefahr Geld und Chancen kommen und verschwinden sofort wieder.
Abhilfe Ein Baguaspiegel auf der Außenseite der Toilettentür mit Wirkung zur Haustür

Lage Im Geldbereich
Gefahr Das Geld fließt ab.
Abhilfe Ein Baguaspiegel auf der Türaußenseite über Augenhöhe mit Wirkung

zum Korridor; innen ein Aquarium oder Fischsymbole, ein Geldbaum und helle, aufwärtsgerichtete Wandstrahler.

Lage Im Beziehungsbereich
Gefahr Kränklichkeit und kurzlebige Beziehungen
Abhilfe Ein Baguaspiegel auf der Türaußenseite mit Wirkung zum Korridor, ein Paar Stein- oder Tonfiguren – Kaninchen sind besonders glückbringend, ferner ein Geldbaum, ein runder Kristall, Aromalampe oder Kerze.

Lage Mit Zugang vom Schlafzimmer
Gefahr Unglück und schlechte Gesundheit
Abhilfe Das Bett nicht gegenüber der Toilettentür aufstellen; einen zwei Zentimeter großen Kristall an einem roten Band am Türrahmen befestigen; Pflanzen im Bad sowie die regelmäßige Verwendung einer Aromalampe.

Lage Über oder neben der Küche
Gefahr Schlechte Gesundheit
Abhilfe Einen zwei Zentimeter großen Kristall an einem roten Band am Türrahmen befestigen; Pflanzen im Bad.

Gutes Feng Shui für das Bad

- Die günstigste Position liegt in den Baguabereichen der Vorfahren, Förderer, des Berufs oder der Kinder.
- Wichtig ist ein leicht zu öffnendes Fenster.
- Keramikkacheln für den Boden sind besonders günstig, da sie zum Erdelement gehören und ein Gleichgewicht zum Wasserelement bilden.
- Toiletten- bzw. Badezimmertür stets geschlossen halten, um die Energie im

Inneren des Raums zu halten. Ausnahme: große Putz- und Lüftungsaktionen, wenn alle Fenster des Hauses geöffnet sind.

- Spiegel kann man einander gegenüber aufhängen, um den Raum größer wirken zu lassen.

- Das Kopfende der Wanne steht weiter weg von der Tür als das Abflußende.

Ein ruhiger, offener Raum, vielleicht mit einer großen Pflanze, entspricht gutem Feng Shui.

Arbeitszimmer

Im Feng Shui werden geschlossene Schränke bevorzugt. Hilfsweise lagert man die Papierfluten des Büros in geschlossenen Kartons.

Unter Gesichtspunkten des Feng Shui ist es nicht empfehlenswert, von zu Hause aus ein Geschäft zu betreiben, das mehr als 36 Stunden pro Woche in Anspruch nimmt und den Unterhalt eines Büros mit Schreibtisch, Regalen und gegebenenfalls auch Mitarbeitern erfordert. Ein privates Arbeitszimmer ist eine ganz andere Sache und kann für das Familienleben eine wichtige Funktion übernehmen. Hier können die Kinder ihre Schulaufgaben machen, und Sie können dort Ihre Aktivitäten organisieren und die Schreibarbeiten erledigen. Die beste Lage ist in der Nähe der Haustür oder in möglichst nordöstlicher Position. Wie immer gilt auch hier, den Raum nicht vollzustellen. Betrachten Sie das Office als »Regierungssitz« und nicht als Abstellraum. Von hier aus dirigieren Sie Ihr Schicksal; lassen Sie also die Energie nicht faul werden, sondern halten Sie sie im Fluß. Wenn der Schreibtisch unter einem Berg von Papieren verschwindet, werden Sie sich schon müde fühlen, bevor der Arbeitstag überhaupt begonnen hat. Die Suche nach irgendwelchen verschütteten Vorgängen kostet zu viel Zeit. Werfen Sie so viel weg wie möglich.

Während eines Projektes sammelt sich auf meinem Schreibtisch viel Recherche-Material an. Doch mittags und abends räume ich alles weg – für alles gibt es einen bestimmten Aufbewahrungsort. Plane ich eine Reise nach Kanada, dann lege ich eine Mappe mit der Aufschrift »Kanada« an, und alles, was damit zu tun hat, kommt hinein. Nach der Reise wird der gesamte Inhalt weggeworfen.

Auf meinem Schreibtisch gibt es eine große A4-Kladde, in die alle Telefonanrufe und Anfragen des Tages notiert werden. Eine Spalte ist reserviert für Anmerkungen, in welcher Weise die Anfrage bearbeitet wurde. Alle Aufträge finden sich so an einem Ort. Jeder Vorgang wird entweder bearbeitet, in den Computer eingegeben, abgelegt oder weggeworfen. Alles, was Sie aufschieben – ein Anruf, ein Brief, eine Ablage –, nimmt Ihnen Energie weg! Erledigen Sie alles sofort. Wenn Sie jeden Abend Ihren Schreibtisch aufräumen, verschaffen Sie sich am nächsten Morgen einen hervorragenden Start. Falls nötig, nehmen Sie sich einige Tage Zeit, um das Office in Ordnung zu bringen. Es lohnt sich, Sie werden effizienter sein und den Energiegewinn spüren. Und im übrigen gilt ja sowieso: Mit allem, was Sie loslassen, schaffen Sie Raum für etwas Neues!

Eigentlich sollten sie genau jetzt die Lektüre unterbrechen. Nehmen Sie sich einige Minuten Zeit für Ihr Büro und werfen Sie etwas weg. Selbst wenn es nur ein kleines Stück Irgendwas ist – tun Sie es jetzt und begründen Sie so eine Gewohnheit für den Rest Ihres Lebens.

Selbst bei modernen Arbeitsplätzen zu Hause oder im Büro helfen runde Kanten und übersichtliche Verhältnisse, einen klaren Kopf zu behalten.

Die Position des Schreibtisches

Stellen Sie den Schreibtisch so auf, daß Sie mit dem Rücken zur Wand sitzen können und einen guten Blick auf Tür und Fenster haben. Wenn ständig hinter Ihrem Rücken Betrieb herrscht, weil vielleicht Mitarbeiter an irgendwelche Regale müssen, wird Sie das auf Dauer irritieren, und diese negative Energie wird das Raumklima merklich verschlechtern.

Vermeiden Sie, zu nahe neben einem Fenster oder vor einem Spiegel zu sitzen. Beides kann eine Quelle der Ablenkung sein und Ihnen Energie wegnehmen. Auch starke Energiequellen wie ein offenes Kaminfeuer oder ein Fernsehgerät können sehr

Sitzen Sie nicht mit dem Rücken zur Tür, und halten Sie den Raum frei von »Müll«. Die beste Farbe für die Einrichtung ist Grün mit minimalen roten Akzenten. Zuviel Rot macht Sie hier zu unruhig.

Ist es wirklich unbedingt notwendig, das Fenster zu verhängen, dann eher horizontal als vertikal.

Wichtig ist die helle Beleuchtung.

Frische rote Blumen auf dem Schreibtisch fördern die Klarheit des Denkens.

Ein Briefbeschwerer aus Kristall ist günstig, doch soll man ihn wegen möglicher Störungen wenigstens einen Meter von elektrischen Geräten entfernt halten.

Eine gesunde Zimmerpflanze absorbiert Elektrosmog.
In einer Büroecke kann ein Aquarium oder kleiner Springbrunnen stehen.
Bewahren Sie Papiere in ordentlichen Stapelboxen auf.
Günstig ist ein Schreibtisch aus Holz mit geschwungenen Kanten.
Halten Sie Bücherregale relativ niedrig und nicht überfüllt, damit sie nicht bedrängend wirken.

ablenkend sein. Man sieht hin, ob man will oder nicht, und unterbricht so den Fluß der Arbeit.

Gutes Feng Shui für das Arbeitszimmer

- Gute Farben sind Grün und Rot, wenn sie sparsam verwendet werden.

- Generell sind Schreibtische aus Holz zu empfehlen, doch sind Modifikationen entsprechend Ihrem persönlichen Element möglich.

- Kreatives Arbeiten wird von einem geschwungen geformten Schreibtisch gut unterstützt. Wo Präzision und Zahlenarbeit gefragt sind, helfen gerade Kanten. Doch sollten Ecken stets leicht gerundet sein, damit, wie es im Feng Shui heißt, nicht Ihr Geld vom Schreibtisch rutscht.

Papierbeschwerer aus Glas fördern die Intuition bei jeder Arbeit.

- Eine helle, funktionale Schreibtischlampe mit starkem Lichtkegel zur Platte hilft, die Aufmerksamkeit bei der Arbeit zu konzentrieren.

- Manchmal stelle ich zusätzlich eine brennende Kerze auf den Schreibtisch. Dies sammelt zusätzliche Energie, um mich bei der Arbeit zu halten, bis eine Aufgabe erledigt ist.

- Leuchtstoffröhren flimmern in einer Frequenz, die Kopfschmerzen verursachen kann. Ersetzen Sie sie durch normale Glühlampen.

- Haben Sie immer eine Vase mit frischen Blumen auf dem Schreibtisch stehen. Sie regen die geistigen Kräfte an und reinigen die Atmosphäre auch von

Elektrosmog. Auf Holztischen ist Rot die günstigste Farbe. Man mag es für eine Verschwendung halten, sein Arbeitsumfeld mit Blumen zu schmücken. Doch denken Sie nur daran, wieviele Stunden Sie dort pro Woche verbringen, und welch positiven Effekt Blumen haben – auf Männer übrigens nicht weniger als auf Frauen! Sie werden sehen, daß sich die Ausgabe lohnt.

- Heutzutage sind Büros elektromagnetisch sehr aufgeladen. Aus der Sicht des Feng Shui braucht man eine große Pflanze pro Elektrogerät, um Elektrosmog zu absorbieren. Besonders geeignet sind Zimmerpalmen, Lilien und die verschiedensten Arten von Tradescantia. Kleinere Pflanzen nehmen eher Platz weg und stellen das Zimmer voll.

- Allgemein günstig ist ein Zimmerspringbrunnen, der die Luft erfrischt und de-ionisiert.

- Bilder Ihrer Kinder oder Golftrophäen haben im Büro nichts zu suchen, sie lenken nur ab. Stellen Sie stattdessen Bilder mit Motiven Ihrer Ziele oder aktuellen Projekte auf.

- Schränke und Regale dürfen nicht zu hoch sein, damit man nicht das Gefühl bekommt, alles stürze auf einen nieder. Packen Sie die Regale nicht bis zum Bersten voll, sondern lassen Sie stets Platz für neues Material. Schwere Bücher stapelt man unten, leichte Bücher oben; außerdem sollten die oberen Regalbretter weniger voll als die unteren sein.

- Ein kleines metallenes Windspiel in der Nähe der Bürotür fördert klares Denken und frische Chancen.

- Fensterdekorationen präferiert man in dieser Reihenfolge: Vorhänge, Rollos, Jalousien. Lamellenjalousien gelten als ungünstig.

Der Garten

In China und Japan entwickelten sich – wie anhand historischer Aufzeichnungen leicht zu belegen – die ersten Garten-Anlagen zu rein ästhetischen Zwecken. Prinzipien des Feng Shui werden dabei seit über 3000 Jahren angewandt. Ein Garten gilt als heiliger Ort der Stille, in dem man sich meditativ vom Streß des Alltags erholt.

Prinzipien der Gartengestaltung:

Sorgfältig plazierte Statuen oder Steine können in einem Garten ein besonderes Gefühl der Ruhe erzeugen.

- Irgendwo im Garten sollten sich Bezüge auf die verschiedenen Elemente finden: auf das Feuerelement z.B. in Form einer Lampe, auf das Erdelement in Form einer Statue oder eines Steins, auf das Wasserelement und auf das Holzelement in Form eines besonderen Baumes oder Busches.

- Mischen Sie Hartes und Weiches, Rauhes und Glattes, Großes und Kleines, Licht und Schatten. Feng Shui strebt nach Balance durch Gegensatz, setzt also beispielsweise etwas Ruhendes wie einen Stein neben etwas Bewegliches wie einen kleinen Wasserlauf. Der beste Platz für einen Garten ist am Ufer eines Sees mit einem Berg im Hintergrund; dies schafft einen geradezu idealen Ausgleich von Ruhe und Bewegung.

- Wo Häuser durch harte, gerade Kanten gekennzeichnet sind, braucht man als Ausgleich die vielgliedrige Weichheit eines Gartens.

- Um Harmonie und günstige Einflüsse zu fördern, müssen Eingang und Wege sorgfältig geplant werden. Eine Auffahrt sollte von der Straße zum Haus hin sanft schwingend wie ein alter Fluß allmählich schmaler werden. Ideal ist es, links und

rechts der Auffahrt etwas Schweres aufzustellen, um das Glück festzuhalten. In Asien sind es Fu-Hunde, in europäischen Gärten werden grimmig blickende Löwen oder Adler aufgestellt, um potentielle Einbrecher zu vertreiben.

Immergrüne Pflanzen symbolisieren langes Leben, und der kleine Pavillon mag ein friedvoller Rückzugsort sein.

- Besonders schön ist ein kleines Gartenhäuschen irgendwo versteckt im Garten, das sich auch außerhalb der heißen Jahreszeit nutzen läßt. In China werden derartige Pavillons entweder fünfseitig – als Anspielung auf die fünf Elemente – oder achtseitig zur Förderung des Wohlstandes angelegt. Ein Ofen und eine Gelegenheit zur Zubereitung warmer Getränke sind nützlich. Das Häuschen sollte einen eigenen kleinen, allerdings wenig pflegebedürftigen Garten haben. Zur Förderung der Entspannung ist der Pavillon sparsam eingerichtet; ein besonderer Baum fördert das Holzelement, ein Teich oder Bachlauf das Wasserelement. Man achtet auf einen harmonischen Ausblick auf den übrigen Garten.

- Elegante Pagoden mit ihren geschwungenen Dachetagen sind im Westen nicht so verbreitet, doch sie verbessern das Feng Shui der ganzen Umgebung. Im Südwesten oder Nordosten eines Grundstücks neutralisieren sie die ansonsten dort vorherrschende Energie der Geister.

Man wendet das Bagua auf den Garten genauso an wie auf das Haus und verteilt dann die sich auf die fünf Elemente beziehenden Objekte, um die Energie zu verbessern.

Das Gartenhaus mit Büchern und Spielen ist ein wunderbarer Rückzugsort.

Kombinieren Sie kultivierte Gartenstücke mit wilderen Flächen.

Ein kleiner Teich oder gar Bachlauf im Garten ist glückbringend, sofern er nicht direkt vom Haus wegführt.

Ein geschwungener Holzzaun sollte wie ein lächelnder Mund an den Seiten nach oben gezogen sein.

Eine Futterstelle lockt Vögel und anderes Tiere an.

Anwendung des Bagua auf den Garten

Die Anwendung des Bagua auf einen Garten geschieht genau so wie beim Grundriß eines Gebäudes. Stellen Sie folgende Figuren oder Statuen auf: einen Drachen im Osten, einen Tiger im Westen, eine Schildkröte im Norden und ein Kranich oder Reiher im Süden.

Der Kinderbereich ist ideal für die Zurschaustellung von etwas Ungewöhnlichem – einer modernen Skulptur, eines Labyrinthes oder einer Sammlung von Windspielen. Suchen Sie nach etwas Besonderem! Für Kinder ist dies der beste Ort für den Sandkasten oder die Schaukel. Hier pflanzt man Blumen mit den Blütenfarben Weiß, Lavendel, Pastell, Orange, Gelb, Blau oder Silber.

Der Beziehungsbereich eignet sich besonders für das Aufstellen einer Bank oder eines Liebesbaums. Beste Farben sind Rot und Pink. Dieser Bereich ist ruhig und romantisch, bepflanzt mit duftenden Gewächsen. Ein solides Paar von Statuen verleiht der Beziehung Stabilität, ein Futterplatz für Vögel gibt ihr mehr Chi.

Der Wissensbereich ist ideal für einen Tisch mit Stühlen, einen Findling oder eine Statue.

Der Bereich der Wohltäter profitiert von Heilmitteln aus dem Erd- oder Metallelement, etwa einem kleinen metallenen Windspiel oder einer Sonnenuhr.

Gutes Feng Shui für den Garten

- Für die Farbgestaltung gilt: Weniger ist mehr. Zarte Farben und Weißtöne sollten vorherrschen. Kräftige Farben nur sparsam einsetzen. »Die fünf Farben machen blind« , sagt der Chinese, wenn es gar zu bunt zugeht.

- Wenn ein großes Nachbargebäude oder ähnliches das Haus bedrohen, kann der Garten eine kraftvolle Abwehr gegen »Giftpfeile« oder zu schnelle Energieströme darstellen. Hilfreich sind Hecken aus immergrünen Pflanzen. Bäume und Wasser stärken vitales Chi, das das Haus mit positiver Energie umgibt.

- Eine laubabwerfende Hecke hat eine andere Energie als eine immergrüne und weist eher auf geschwächte Gesundheit und Finanzen hin.

- Ein Hügel hinter dem Haus als Abschluß des Gartens wird als glückbringend angesehen. In der Stadt kann diese Funktion auch von einem Gebäude übernommen werden.

- Man sollte den Garten nicht mit einem Blick ganz übersehen können, sondern von Bereich zu Bereich geleitet werden. Sorgfältig kultivierte Zonen erhalten ein Gegengewicht durch natürlich wuchernde Stücke. Mit Bedacht plazierte Findlinge oder Felsen dienen dazu, Energie und Finanzen zusammenzuhalten. Traditionell ist ihr Platz im Norden des Gartens, neben dem Teich oder ganz am Ende der Anlage.

Ein Wasserfall kann Ihre finanzielle Situation verbessern. Fließendes Wasser in der Nähe ist immer gut, doch sollte es nicht direkt vom Haus wegströmen.

- Wege haben sanfte Kurven; nahe am Haus sind sie schmaler und werden breiter, je weiter man in den Garten hineingeht. Die meisten Pfade sollten im westlichen Gartenbereich liegen und schmal genug sein, um den Besucher zu Ruhe und Betrachtung anzuregen.

- Bestimmte Bäume und Pflanzen bringen mehr Glück als andere (vgl. »Das achte Heilmittel«, Seite 121). Bäume pflanzt man vor allem im Osten und Südosten. Alle alten Kulturen von den Druiden Englands und Frankreichs, den Völkern Süd- und Nordamerikas bis hin zu den Bewohnern Balis hegten Bäumen gegenüber einen großen Respekt. Meist bewohnen Bäume einen Ort viel länger als irgendein Mensch. Sie interagieren mit dem lokalen Chi und werden eins mit ihm, wobei sie für das Land gelegentlich sogar die Funktion von Akupunkturnadeln ausüben und einen bestimmten Druck abfließen lassen. Man sagt, daß Geister und Devas in den Bäumen leben, die man bitten muß, den Ort zu verlassen, wenn man einen Baum fällen will. Bevor es soweit kommt, sollte man aber einen Baumchirurgen bitten, mit dem Beschneiden der Äste auch ein gefährliches Wurzelwachstum zu kontrollieren; oder man läßt Efeu emporranken oder dekoriert den Baum mit kleinen Laternen, um sein Aussehen zu verändern.

- Wasser ist das Lebensblut des Gartens. Es zieht Tiere an, reinigt und belebt die Umgebung und fördert, richtig plaziert, Glück und Wohlstand.

- Fördern Sie Schmetterlinge, Vögel und das übrige Tierleben in Ihrem Garten. Tiere verstärken die Lebensenergie und sind ein Zeichen für einen geringen Verschmutzungsgrad der Gegend.

- Ein passendes Gedicht kann die Atmosphäre des Gartens unterstützen. Lassen Sie Ihre Lieblingsverse auf eine Stein- oder Holzplatte gravieren, die Sie an einer versteckten Stelle anbringen. Meine Lieblingszeilen stammen von James Russell Lowell:

»The buttercup catches the sun in its chalice
and there's never a leaf nor a blade too mean
to be some happy creature's palace.«

Das neue Haus

Um das perfekte Familienheim zu finden, muß man es zunächst nach den Regeln der Richtungslehre (vgl. Seite 132 ff) in der richtigen Richtung suchen. Schon wenn wir etwa zwei Kilometer weit fahren, wird unsere Energie beeinflußt. Das gilt erst recht für einen Umzug oder eine Geschäfts- bzw. Urlaubsreise über eine große Entfernung. Wer sich in die richtige Richtung bewegt, dem fließt alles leicht entgegen; aber es gibt auch Richtungen, die führen bekanntermaßen zu Streit, finanziellen Schwierigkeiten, Krankheit und Trennung. Je nach Zeitpunkt bringt eine Richtung mehr oder weniger Glück. Der Einfluß eines Umzugs kann zwischen drei und zwanzig Jahren andauern – achten Sie also auf die Wahl einer günstigen Richtung. Das ist Schritt Eins.

Ein Haus mit Blick auf Wasser unterstützt Sie bei der Suche nach Ihrer Berufung. Ein Blick nach Süden aktiviert Ihre Energie.

Schritt Zwei: die Richtung der Haustür. Allgemein werden Süden und Südosten als glückbringend angesehen. Wenn man so ein Haus betritt, begegnet man einer helleren, sonnigen Energie. Auch Wohnzimmer und Küche, die in diese Richtungen zeigen, sind von hellerer, aktiver Energie erfüllt. Schlafzimmer sollten stets auf der Rückseite des Hauses liegen. Weist die Hausfront nach Süden, bekommt ihre Energie eine mehr nördliche Qualität; sie ist ruhiger und fördert den Schlaf. Wer bei seinen Aktivitäten gerne Besuch von Menschen oder Haustieren hat, wird feststellen, daß dies in südwärts gelegenen Räumen eher geschieht als in solchen, die nach Norden zeigen.

Schritt Drei: Stellen Sie auf jeden Fall fest, wie die Vorbewohner gelebt haben; ihr Chi behält auf Haus oder Wohnung einen gewissen Einfluß. Sind sie in ein größeres Haus umgezogen, oder mußten sie zwangsverkaufen? Die Geschichte eines Hauses neigt dazu, sich zu wiederholen. Dabei können sich unglück-

liche Geschichten von Streit oder Trennung genauso wiederholen wie Geschichten von Glück und finanziellem Erfolg. Erkundigen Sie sich nach dem Schicksal der Vorgänger, und Sie erhalten Hinweise auf verborgen wirkende Einflüsse!

Am geeignetsten ist ein harmonisch gebautes Haus mit gleich großen Stockwerken.

Schritt Vier: Schauen Sie sich sorgfältig die Nachbarn und deren Energie an! Verschiedene Wohngegenden haben ihre eigene Energie und fördern jeweils eine bestimmte Art von Menschen und Betätigungen. Es gibt Künstlerviertel und Gegenden für Geschäftsleute; passen Sie also auf, daß die Wohngegend zu Ihnen paßt.

Ihr Haus sollte so groß wie oder leicht größer als die Nachbarhäuser sein. Am besten sind Bungalows, hier empfängt man die meiste Energie von Himmel und Erde. Zugleich werfen sie weniger Schatten auf den Garten. Insgesamt sollte das Haus möglichst viel Tageslicht haben. Schneiden Sie entsprechende Pflanzen zurück, und bauen Sie keine Schuppen oder ähnliches zu nahe am Haus.

Klares, sauberes Wasser in der Nähe des Hauses in Form eines Bachs, Teichs oder Sees ist sehr gut. Idealerweise liegt das Wasserelement im Wohlstandsbereich des Gartens oder vor dem Haus. Achten Sie darauf, daß es nicht vom Haus wegfließt!

Ein hinter dem Grundstück liegender Hügel beschützt die Bewohner. In der Stadt kann dies auch ein anderes Gebäude sein. Im Osten wünscht man sich einen Wald

Ein üppig grüner Garten mit zahlreichen Vögeln und Schmetterlingen ist ein gutes Zeichen.

oder einen kleinen Hügel, der niedriger sein sollte als der hinter dem Grundstück, doch ausladender als der im Westen. In der Stadt kann das das Haus Ihres Nachbarn sein. Der Hügel oder das Haus im Westen sollten niedriger sein als im Osten. Der Westen steht für den Weißen Tiger, beziehungsweise den Fluß negativer Energie. Wird er zu groß, sagt man, dann kann der Grüne Drachen des Ostens ihn nicht kontrollieren, und er verschlingt die Hausbewohner (vgl. »Das siebte Heilmittel«, Seite 118).

Bei der ersten Besichtigung des Hauses müssen Sie auf alles achten, was Ihnen bei der Fahrt begegnet. Müssen Sie anhalten, um nach dem Weg zu suchen, und man bietet Ihnen freundlich Hilfe an, so ist das ein gutes Zeichen. Schlechte Zeichen sind überfahrene Tiere oder drängelnde Autofahrer. Hier fließt der Fluß – in diesem Fall die Straße – zu schnell.

Achten Sie bei der Ankunft auf Vögel, Kaninchen und andere Tiere. Ein lebhafter, grüner Garten kann ein gutes Zeichen sein, mangelnde Vitalität der Natur deutet möglicherweise auf starke Umweltbelastungen hin.

Neben dem Feng Shui der Umgebung ist vor allem die Form des Hauses von Bedeutung. Ideal ist ein harmonisch gebautes Haus mit annähernd gleich großen Stockwerken. Es verspricht Harmonie, Stabilität und Zusammenhalt der Bewohner. Ziehen Sie die Interpretation fehlender oder erweiterter Gebäudeteile auf den Seiten 21 – 29 zu Rate. Exponierte Balken oder Säulen sind nicht so gut. Glückbringende Merkmale sind zum Beispiel folgende:

- Ein Kuppeldach ist besonders günstig. Diese Form sammelt Energie und schützt gegen negative Einflüsse.

- Quadratische Häuser sind dem Erdelement verwandt; sie bieten guten, stabilen Wohnraum.

- Auch ein rundes Haus ist gut; es ist dem Metallelement verwandt.

- Das Feng Shui eines rechteckigen Hauses gehört zum Element Holz und ist ebenfalls günstig.

Unbedingt ist zu vermeiden:

- Leider ist es heutzutage nötig, sich um einige Dinge zu kümmern, die es früher nicht gab: Müllverbrennungsanlagen, Atomkraftwerke, Giftmülldeponien. Je nach vorherrschender Windrichtung halte ich hier lieber einen Abstand von zehn bis fünfzig Kilometern. Achten Sie auch auf Stromgeneratoren, Trafohäuschen, Starkstrommasten und U-Bahnstationen: Von ihnen würde ich mich mindestens einen halben Kilometer entfernt halten.

- Nach derartigen Schockern ist es vielleicht etwas zu kleinlich, sich um Bäume Gedanken zu machen. Doch es sollten keine Bäume direkt vor der Haustür stehen und den Eingang überschatten.

- Ein Bad oder eine Toilette direkt gegenüber der Haustür können Ihren Finanzen sehr schaden. Der Gesundheit abträglich sind derartige Einrichtungen, wenn sie mitten in der Wohnung liegen und keine Außenfenster haben.

- Die Zufahrt sollte von der Vorderseite in sanften Schwüngen zum Haus führen. Meiden Sie Häuser, die von »vergifteten Pfeilen« in Form von direkt auf das Haus hin führenden Straßen, Flüssen, Brücken, Gleisen oder Gebäuden bedroht werden.

- Außer dem Dach sollte ein Haus keine dreieckigen Gebäudeteile aufweisen. In dieser Form sammelt sich besonders viel negative Energie.

- Es ergibt kein gutes Feng Shui, wenn die Obergeschosse nennenswert größer oder kleiner sind als das Erdgeschoß. Dadurch gerät die Energie aus dem Gleichgewicht, und den Bewohnern können die Dinge aus der Hand gleiten. Auch hohe, schmale Türme oder Kamine ziehen negative Energie an – sie kämpfen mit dem Himmel, wie die Chinesen sagen.

- Schräge oder schiefe Wände bedrohen die Bewohner mit finanziellem Ruin.

- Vermeiden Sie mehr als drei Türen direkt nebeneinander. Das ideale Verhältnis von Fenstern zu Türen liegt bei drei zu eins.

- Von Häusern mit Hängen oder Bergen vor der Haustür ist abzuraten.

Ein Haus mit quadratischem Grundriß gehört zum Erdelement und bietet guten, soliden Wohnraum. Große Fenster lassen viel Energie hinein – wenn sie sauber geputzt sind.

- Ein terrassenförmiges Dach oder ein Dach, das bis zum Boden reicht, erzeugt den Eindruck, das Gebäude würde versinken oder verrutschen. Die Bewohner sind finanziell bedroht.

- Vom Rest des Hauses abgetrennte Räume, selbst wenn sie durch einen überdachten Weg verbunden sind, werden als wenig glückbringend betrachtet. Entsprechend werden auch L-, H- und U-förmige Häuser abgelehnt. Das Gestalten unterschiedlicher Bodenniveaus auf einer Etage ist abzulehnen, insbesondere dann, wenn Eßzimmer oder Küche tiefer liegen als das Wohnzimmer. Die Küche braucht ein höheres Energieniveau.

- Um das Leben insgesamt auf solide Grundlagen zu stellen, sollte ein Haus nicht am Hang gebaut werden.

- Häuser mit viel Glas oder unregelmäßigen Formen gehören dem Element Wasser an und werden als ungünstige Wohnorte angesehen.

Ein spitzes Dach ist der beste Schutz gegen negative Energie. Da runde Gebäude normalerweise ein gutes Feng Shui haben, bietet dieses Haus also einen idealen Wohnort.

- Kaufen Sie kein Haus, wo es schon mehr als einmal gebrannt hat. Die Katastrophe könnte sich wiederholen.

- Nutzen Sie zum Wohnen keine Räume im Tiefparterre. Straßen werden als Flüsse betrachtet, und wenn Sie unterhalb des »Wasserspiegels« wohnen, kann das Ihre Gesundheit und Lebenschancen beeinträchtigen.

- Vermeiden Sie Häuser mit Balken, schrägen Decken oder mit für Ihre Körpergroße zu niedrigen Decken und Türen.

- Wenn wir jemandem begegnen, der sehr deprimiert ist, beeinflußt das unsere eigene Stimmung. Starke Gefühle strahlen wir über unsere Aura auf die Umgebung ab. Vermeiden Sie daher, in der Nähe von Krankenhäusern, Polizeistationen oder Friedhöfen zu wohnen. Die Ereignisse an derartigen Orten führen zu einer Zusammenballung von Gefühlen der Trauer und Angst, die sich auf Ihre Wohnung auswirken kann.

Feng Shui verfeinern

Neun elementare Heilmittel

Es gibt wesentlich mehr als nur neun elementare Heilmittel, doch erstens müssen wir uns an dieser Stelle auf die wirksamsten Mittel beschränken, und zweitens werden im Feng Shui die Zahlen Acht und Neun als glückbringend angesehen. Grundsätzlich werden Heilmittel zur Beeinflussung des Chi eingesetzt, um die entsprechende Lebenssituation zu verbessern und harmonischer zu gestalten. Sie können die Energie verstärken, umleiten, verlangsamen oder negative Einflüsse neutralisieren.

Verschiedene Kuren

Eine verstärkende Kur wird angewandt, wenn man zusätzliche Energie in einen bestimmten Bereich lenken will – beispielsweise während der Suche nach einer neuen Arbeit oder der Vorbereitung auf ein Examen.

Eine permanente Kur wird dauerhaft angewandt, wenn in der Wohnung zum Beispiel ein bestimmter Bereich fehlt.

Eine schützende Kur wird entweder dauerhaft angewandt, oder bis der störende Einfluß verschwunden ist. Sie lenkt negative Energien ab oder verwandelt sie. Anwendungsfälle sind Gerüstbauten vor Ihrer Wohnung oder übelwollende Nachbarn.

YIN	YANG
Mond	*Sonne*
kalt	*heiß*
negativ	*positiv*
Ruhe	*Bewegung*
weich	*hart*
lose	*fest*
sanft	*rauh*
weiblich	*männlich*
kurz	*lang*
schwarz	*weiß*

Die fünf Elemente

Um die richtige Kur auszuwählen, muß man mit der Lehre der fünf Elemente vertraut sein. Danach besteht die Welt aus Materie, die zu einem der Elemente Wasser, Holz, Feuer, Erde oder Metall gehört. Die Reaktion der einzelnen Elemente aufeinander bestimmt ihre Entwicklung und den Einfluß auf ihre Umgebung. Zudem trägt jedes Element in sich eine spezifische Mischung der fundamentalen Polaritäten von Yin und Yang, aus deren Kräftespiel alles entsteht.

Die Qualität der Elemente

Holz repräsentiert alles Lebendige, insbesondere die Pflanzenwelt, und wird mit Frühling, Wachstum, Aktivität, dem Osten und Südosten in Verbindung gebracht. Die Energie ist aufsteigend und mehr Yang.

Feuer symbolisiert Expansion, Verbrennen, Licht und Wärme und wird assoziiert mit Sommer und Süden. Die Energie ist expansiv, auf- und auswärts gerichtet und hat die stärkste Yang-Qualität.

Erde ist die Mitte und der mittlere Weg. Die Energie ist gesetzt und vollendet und wird mit dem Übergang von einer Jahreszeit zur nächsten assoziiert. Bevorzugte Richtungen sind die Mitte, der Südwesten und Nordosten. Das Verhältnis von Yin und Yang ist ausgeglichen.

Metall steht für Reife, Einkehr und Stabilität, für Herbst und Erntezeit. Die stärker Yin-hafte Energie ist nach innen gekehrt und orientiert sich nach Nordwesten und Westen.

Wasser umfaßt alles Fließende vom Nebel bis zu den Meeren, einschließlich Verfall und Wiedergeburt von allem. Zum Wasser gehören Winter und Norden mit ihrer lebensabweisenden Qualität. Die ausgeprägte Yin-Energie bewegt sich in einer sich auflösenden, kriechenden oder sickernden Weise.

Jedes Element ist bestimmten Bereichen des Bagua zugeordnet:

- **Bereich 1:** Beruf – Wasser
- **Bereich 2:** Beziehung – Erde
- **Bereich 3:** Vorfahren – Holz
- **Bereich 4:** Geld – Holz
- **Bereich 5:** Gesundheit/Tai Chi – Erde
- **Bereich 6:** Förderer – Metall
- **Bereich 7:** Kinder – Metall
- **Bereich 8:** Wissen – Erde
- **Bereich 9:** Ehre – Feuer

Um eine geeignete Kur bestimmen zu können, müssen wir ferner die Zyklen kennen, in denen die Energie natürlicherweise fließt. Der erste ist der kreative Zyklus, der Zyklus des Gebärens:

1. Die Energie des Holzes nährt das Feuer.
2. Wenn das Feuer erlischt, entsteht Asche, die zu Erde wird.
3. Im Laufe der Zeit zieht sich die Erde zusammen zu Steinen, Erz und Metall.
4. Das Metall kühlt ab und erzeugt Wasser durch Kondensation.
5. Wasser nährt Pflanzen und das Wachstum des Holzes.

Dies ist der destruktive Zyklus:

1. Metall fällt das Holz des Baumes.
2. Feuer schmilzt das Metall.
3. Wasser löscht das Feuer.
4. Erde macht das Wasser schlammig.
5. Das Wachsen der Pflanzen (Holz) erschöpft die Erde.

Außerdem gibt es einen schwächenden Zyklus:

1. Zu viel Feuer verbrennt das Holz.
2. Zu viele Bäume verbrauchen das Wasser.
3. Wasser läßt das Metall rosten.
4. Unter dem Einfluß von Metall wird Erde zu Stein.
5. Zuviel Erde und Asche ersticken das Feuer.

Alle Dinge der Welt lassen sich den fünf Elementen zuordnen. Hier einige Beispiele:

Wasser	**Holz**	**Feuer**	**Erde**	**Metall**
blau	grün	rot	gelb	weiß
Wasserspiel	Pflanzen	Kerze	Statue	Uhr
Aquarium	Stuhl	Pyramide	Tontopf	Kristall
Glas	Musik	Pferd	Hund	Huhn

Sucht man also nach einer angemessenen Kur, um einen Erdbereich – z.B. den Bereich der Beziehung oder des Wissens – zu stärken, so wählt man etwas, das zum Element Feuer gehört, beispielsweise eine Kerze oder einen roten Gegenstand.

Das erste Heilmittel: Spiegel

Spiegel werden meistens in die Kategorie der Lichtkuren einbezogen. Mit ihrer Hilfe kann das Chi gesammelt, verstärkt oder abgelenkt werden.
Die Macht der Spiegel liegt darin, daß sie Energie anziehen und eine eigene Realität erzeugen. Wenn man Spiegel einsetzt, gilt allgemein: Je größer, desto besser. Sie müssen stets gerahmt sein, ohne Tönung und mit fehlerfreier Beschichtung. Getönte Spiegel korrumpieren auch die entsprechende Energie. Im Wohlstandsbereich verursachen sie zerrüttete Finanzen, im Beziehungsbereich obskure Verhältnisse. Verwenden Sie niemals beschädigte oder gesprungene Spiegel.
Spiegel können die Illusion von Raum erzeugen. Wo in einem L-förmigen Haus, beispielsweise, ein bestimmter Baguabereich fehlt, kann mit einem Spiegel an einer der an den fehlenden Bereich angrenzenden Wände mehr Energie dorthin gezogen werden.
Sicher kennen Sie auch das Sprichwort, daß ein zerbrochener Spiegel sieben Jahre Unglück bringt. Ursprünglich bezog sich dieses Sprichwort auf alle reflektierenden Oberflächen, die gestört wurden, während man sein Spiegelbild darin betrachtete – ein klarer Teich ebenso wie ein Glas oder ein Spiegel. Spiegelkacheln im Bad oder zusammengesetzte Spiegelwände in einer Gymnastikhalle erzeugen heutzutage dauerhaft den Eindruck eines zersprungenen Selbst. Betrachten Sie sich oder eine geliebte Person darin und erspüren Sie genau, wie es Ihnen dabei geht. Unbewußt werden sie den Eindruck haben, nicht mehr »ganz« zu sein, und das wird Ihre Gesundheit negativ beeinflussen.

Baguaspiegel sind eines der wirkungsvollsten Heilmittel überhaupt. Sie sind klein und rund und von einem achteckigen Rahmen – einer sehr machtvollen Form – mit den aufgemalten I-Ging-Symbolen eingefaßt. Die bevorzugte Farbkombination von Rot, Gold und Grün ist ebenfalls sehr wirkungsvoll. Bruce Lee bewohnte in Hong Kong ein Haus mit schlechtem Feng Shui. Die negativen Einflüsse wehrte er mit einem Baguaspiegel ab. Während eines starken Gewitters fiel der Spiegel herunter, der Schutz war aufgehoben, der Schauspieler starb.
Viele Geschichten berichten vom Spiegelkrieg im alten China. Damals hatte jede Familie mindestens einen Baguaspiegel in jedem Fenster, um das negative Sha der Nachbarn abzulenken. Dadurch wurden die Sha so stark hin und her geworfen, daß es zu Unfällen kam. Schließlich gestatteten die Behörden jedem Haushalt nur noch zwei Spiegel und beschlagnahmten die übrigen. Die Chinesen fanden auch dafür einen Ausweg, indem sie innen im Haus gegenüber dem Eingang riesige künstliche Baguaspiegel aufmalten.
Man hält es unter Feng-Shui-Gesichtspunkten für negativ, neben Friedhöfen, Krankenhäusern, Heilanstalten oder ähnlichen Einrichtungen zu wohnen. Die Energien der Trauer und des Schmerzes sammeln sich dort und beeinflussen die Umgebung. Schlechte Einflüsse kann man hier mittels Baguaspiegeln am Eindringen hindern.

Reflektierende Objekte zählt man ebenfalls zur Kategorie der Spiegel. Hierzu gehören beispielsweise sogenannte Hexenkugeln, glatt polierte Objekte der Größe von Weihnachtsbaumschmuck, die negative Energien abwehren können.
Eine moderne Variante hierzu sind die im Durchmesser etwa zwei Zentimeter großen Mayakugeln. Eine davon trage ich immer als Anhänger über der Herzgegend, wenn ich Seminare abhalte. Schließlich kann man nie alle Teilnehmer eines Kurses gleichermaßen zufriedenstellen. Manche wünschen sich mehr Zeit für Frage und Antwort, andere möchten den Vortrag straffer strukturiert haben. Meine Mayakugel wehrt eine Menge Negativität ab und schützt mich vor psychischen Angriffen. Ich empfehle sie bei schwierigen Besprechungen, bei langen Reisen oder einem Umzug in eine ungünstige Richtung, der Ihr Chi in Unordnung bringt und Sie anfällig für Unfälle macht.

Spiegel als Heilmittel

- Alles, was sich in einem Spiegel reflektiert, wird ins Haus hineingezogen. Achten Sie also auf günstige Spiegelbilder. Sind sie auf Bäume oder Wasser gerichtet – fein. Der Anblick von Polizeiwachen oder Starkstrommasten ist nicht so günstig. Spiegel müssen flach an der Wand hängen; das eigene Spiegelbild sollte genügend Platz nach oben und seitlich haben, um auch die eigene Aura zu »sehen«. Andernfalls kann ein Gefühl von Enge aufkommen.

- Einander direkt gegenüberhängende Spiegel lassen Energie hin und her prallen. Die entstehende Dyna-

Baguaspiegel sind ein besonders wirksames Heilmittel, weil sie Chi einfangen, verstärken und ablenken können.

mik kann beunruhigend oder – z.B. in Eßzimmer und Bad – belebend wirken.

- Mit Spiegeln läßt sich die Energie bestimmter Objekte verdoppeln. Spiegel hinter einer Registrierkasse oder einem Aquarium etwa verdoppeln die Geldenergie.

- Konvexe Spiegel verwendet man, um Energie zu vermehren. »Große« Dinge können sich ereignen. Sie sind besonders hilfreich im Erdgeschoß und Tiefparterre.

- Konkave Spiegel verlangsamen Energie und werden zur Dämpfung negativer Shas verwendet.

- Eine Mayakugel, die an einem roten Band am Rückspiegel Ihres Autos hängt, kann Unfälle abwehren. So eine Mayakugel wiegt nicht sehr viel. Doch habe ich schon von verschiedenen Fällen gehört, in denen sie Rückspiegel beschädigt oder gar abgerissen haben sollen. Meines Erachtens können derartige Ereignisse nur so zustande kommen, daß eine Mayakugel die Energie eines schweren Unfalls abgelenkt hat, und es dabei zur Beschädigung der Spiegel gekommen ist.

Das zweite Heilmittel: Kristalle

Kristalle erfüllen einen Raum mit dem gesamten Farbspektrum des Regenbogens und haben energetisch eine sehr aktivierende Wirkung. Schon seit Urzeiten werden sie von Heilkundigen in den Knauf ihrer Stäbe gefaßt, um die Heilwirkung zu verstärken. Könige faßten sie in ihre Kronen, um Aufmerksamkeit und Energie auf sich zu ziehen.

Diamanten sind die konzentrierteste Form von Kristallen. Falls jemand auf die Idee käme, einen großen, perfekt geschliffenen Diamanten ins Fenster zu hängen, könnte er die Energie eines Raumes enorm steigern. Allerdings überstiege das wohl Ihre wie auch meine finanziellen Möglichkeiten.

Die im Feng Shui verwendeten Kristalle sind klare, geschliffene Kugeln. Sie können Chi absorbieren oder verstärken. Indem sie die Sonnenenergie in ein Spiel von Regenbogenfarben verwandeln, verhindern sie, daß die Energie eines Raumes schal wird.
Bevor man einen Kristall verwendet, muß er gereinigt werden. Dies geschieht im wörtlichen Sinne, indem man ihn unter klarem, kaltem Wasser abspült. Dabei stellt man sich vor, wie alle negative Energie und

Schlacke den Stein verläßt, während seine Oberfläche gereinigt wird. Es gibt mehrere Methoden zur Läuterung von Kristallen, diese hier scheint mir die schnellste und einfachste, die auch in unserer von Ungeduld geprägten Zeit regelmäßig gepflegt werden kann.
Sodann stellt man sich mit beiden Füßen fest auf den Boden, hält den Kristall zwischen Daumen und Zeigefinger und bittet ihn, »zum Herzen zu sprechen«. Man führt den Kristall langsam zur Herzgegend und konzentriert sich darauf, wozu man ihn gebrauchen möchte. Wenn er im Beziehungsbereich aufgehängt werden soll, so läßt man seine Gefühle der Liebe zur Familie, den Freunden und der Natur in den Vordergrund treten. Sobald man spürt, daß die Verbindung da ist (das kann nach einigen Minuten oder schon innerhalb weniger Sekunden geschehen), wird der Kristall an seinen Platz gehängt. Scheint jetzt die Sonne hindurch, so erhält ihre Energie eine Färbung durch die ursprüngliche Emotion. Nach etwa drei Monaten ist die anfängliche Energie erschöpft, und das Verfahren muß wiederholt werden.
Bevor man einen Kristall im Geldbereich plaziert, stellt man sich in möglichst anschaulicher Form Bilder des eigenen Wohlstands vor, finanzielle Ziele, die man anstreben möchte. Auch in diesem Fall muß die Aufladung nach etwa drei Monaten wiederholt werden.
Kristalle können in jedem Baguabereich eingesetzt werden, um dort die Energie zu erfrischen. Idealerweise hängt man sie an einem Silberfaden nahe vor das Fenster. In dunkleren Zonen kann man sie auf einen kleinen Spiegel legen.

Kristalle mit Heilwirkung wie Amethyst oder Rosenquarz müssen mit Vorsicht verwendet werden, weil sie die einzelnen Körperorgane beeinflussen. Schließlich nimmt man ohne Anlaß ja auch keine Medikamente ein. Solche Kristalle können die Schwingungen in einem Raum so stark verändern, daß es zu Müdigkeit und Kopfschmerzen kommen kann.

Das dritte Heilmittel: Licht

Licht ist Energie, und die größte Lichtquelle ist die Sonne mit ihrer Macht, alles Leben auf der Erde zu ermöglichen. Alle Lebewesen, ob Motte oder Mensch, fühlen sich vom Licht angezogen, vom Lagerfeuer, der Straßenbeleuchtung oder dem festlichen Feuerwerk. Die Qualität der Beleuchtung beeinflußt die Stimmung der Menschen und somit auch die Art von Energie, die sie ihrer Umgebung vermitteln. In jedem Bereich des Bagua können Sie also Licht gezielt einsetzen.
Einmal besuchte ich ein in den 70er Jahren gebautes Haus, dessen Lichtquellen überall etwa 15 Zentimeter hoch über dem Boden hinter Milchglasscheiben eingelassen waren. Ich spürte förmlich eine Tendenz, mich zum Licht hinunterzubeugen. Nachdem die Bewohner dann aufwärtsgerichtete Wandleuchten installiert hatten, gewann das Haus eine viel freundlichere Atmosphäre und man hatte das Gefühl, wieder aufrecht gehen zu können. Solche Wandleuchten heben das Chi. Ich mag sie überall im Haus, doch vor allem in Erdgeschossen sind sie unentbehrlich.

Kristalle können durch ihr Lichtspiel zusätzliche Energie in einen Raum leiten.

Kerzen geben ein wunderschön warmes Licht und strahlen eine sammelnde Energie aus. Probieren Sie es aus: Wo man ein Feuer anmacht, sammeln sich die Menschen – sobald es erlischt, gehen sie auseinander. Kerzen sind besonders nützlich in den Bereichen Beziehung, Wissen und Gesundheit. Möchte man das Feuerelement stärken, ist eine Duftlampe sicher praktischer als eine offene Kerze.

Leuchtstoffröhren flimmern in einer Frequenz, die uns nicht guttut. Kopfschmerzen können die Folge sein.

Halogenleuchten umfassen das gesamte Lichtspektrum von Infrarot bis Ultraviolett und können daher saisonal bedingten Gefühlsschwankungen bis zu einem gewissen Grad entgegenwirken.

Kuren mit Licht

- Abwärts gerichtete Leuchten führen die Energie nach unten. In den oberen Etagen eines Hochhauses kann das ein erwünschter Effekt sein. Zentral angeordnete Deckenlampen sammeln die Energie mitten im Raum.

- Licht kann dazu verwendet werden, einen fehlenden Baguabereich auszugleichen. Bringen Sie in der fehlenden Zone eine Außenbeleuchtung an, die Sie jeden Abend einschalten, um den Bereich mit Energie zu füllen.

- Eine Klientin hatte das Problem, daß ihre Kinder ständig vergaßen, die Gummistiefel auszuziehen, wenn sie von draußen hereinkamen. Ich schlug ihr vor, eine helle Lampe über dem Regal mit den Hausschuhen zu installieren. In der Tat wurde ihr Erinnerungsvermögen dadurch etwas aufgefrischt.

- Rechnungen bezahle ich nur ungern. Also habe ich meine Sekretärin gebeten, die Unterlagen samt Scheckbuch einmal pro Monat auf den Schreibtisch zu legen und eine helle Lampe darauf zu richten. So kann ich sie nicht ignorieren. Es werden eben alle Lebewesen vom Licht angezogen.

Das vierte Heilmittel: Klang

Quietschende Türen, Alarmanlagen von Autos oder laute Musik aus der Nachbarwohnung können ein unharmonisches Chi erzeugen, das das Nervensystem beeinträchtigt. Das gleiche gilt für lärmende Straßen und Eisenbahnlinien. Gegen all dies hilft ein nicht zu großes Windspiel (ein großes Windspiel kann die Leber schädigen) mit fünf Röhren, das innen über der Haustür aufgehängt wird. Jedesmal, wenn die Haustür geöffnet wird, berührt sie leicht den Klöppel und schlägt das Windspiel an. Dessen Vibrationen setzen das Chi in Bewegung, was die Atmosphäre reinigt und ungesunde Erd-Shas absorbiert, die je nach Planetenstellung durch die Haustür eindringen und Krankheit bringen. Falls man dennoch einmal eine Erkältung bekommt, wird man feststellen, daß sie viel schneller vorübergeht.

Kuren mit Klang

- Um zu vermeiden, daß negative Energien angezogen werden, sollte man Windspiele aus Metall nur dann draußen aufhängen, wenn man ein sehr großes

Kerzen versammeln die Menschen und gehören dahin, wo man sitzt und sich unterhält.

Ein Windspiel über der Tür reinigt die Atmosphäre und vertreibt Krankheit.

Grundstück hat. Ansonsten sind hölzerne Windspiele besser geeignet für den Außenbereich.

- Ein Windspiel im Bereich der Vorfahren kann dazu beitragen, Familienstreitigkeiten zu schlichten, indem es der Atmosphäre etwas von ihrer Spannung nimmt.
- Das Blubbern oder Plätschern eines Zimmerspringbrunnens kann für eine angenehmes Hintergrundgeräusch sorgen.
- Manche Feng-Shui-Berater verwenden Knallfrösche, um während der Reinigung eines Hauses durch Knall und Vibration böse Geister zu vertreiben und die Atmosphäre zu reinigen.

Das fünfte Heilmittel: Farbe

Farbe ist eines der wirksamsten Heilmittel überhaupt, da man schon mit einem kräftigen neuen Farbton die Atmosphäre eines Zimmers oder Gartens komplett verändern kann. Farben haben ihre eigenen Schwingungen: Ein kalter Raum in Blau wirkt noch kälter, gelb gestrichen hingegen wärmer. Jede chinesische Dynastie hatte ihre von einem Feng-Shui-Meister ausgesuchte kaiserliche Farbe. Für die Sung-Dynastie war es Braun, für die Ming-Dynastie Grün und Gelb für die Ch′ing-Dynastie. Das Auswahlverfahren berücksichtigte die vier Säulen und die neun Schicksalssterne des Kaisers. Er regierte das ganze Land. Wenn seine Energie harmonisch und auf hohem Niveau lag, wurde seine Herrschaft von Weisheit und Vorsicht geprägt. Geriet seine Energie aus dem Gleichgewicht, konnte das ganze Land darunter leiden. Auch die Gestaltung der Verbotenen Stadt im Zentrum Pekings mit ihren roten Wänden und gelben Dächern folgte den Prinzipien des Feng Shui.

Je nach Zeitpunkt unserer Geburt können uns einige Farben unterstützen, während andere uns Energie nehmen. Wie fühlen Sie sich in einem komplett roten Outfit? Fühlen Sie sich leuchtend und vor Energie vibrierend, oder verhalten Sie sich gehemmt und defensiv, weil Sie sich besonders auffällig und angreifbar vorkommen? Entsprechend unterschiedlich reagieren wir auch, wenn wir andere Menschen mit betont roter oder blauer Kleidung sehen.

Auch die Kombination der Farben hat ihre Wirkung. Streifen, zum Beispiel, können Konfusion und Streit hervorrufen. Betrachten wir einmal die charakteristischen Eigenschaften der Farben im einzelnen:

Schwarz ist eine starke Farbe und steht für Geld. Sparsam verwenden! Sie verleiht Macht – in Verbindung mit Pink soziale Macht, zusammen mit Gelb intellektuelle Macht. Schwarz absorbiert sehr stark; Menschen, die viel Schwarz tragen, wünschen sich vermutlich mehr Aufmerksamkeit. Achten Sie also darauf, wenn Ihre Kinder plötzlich in eine »schwarze Phase« kommen. Dichtes Schwarz repräsentiert das Wasserelement und ist hilfreich in den Baguabereichen Beruf, Geld und Vorfahren.

Blau ist die Farbe von Spiritualität, Sorgfalt, Umsicht und Fürsorge. Sie wird mit Glaube, Standhaftigkeit und Treue in Verbindung gebracht. Wenn Sie Zuversicht brauchen, visualisieren Sie ein kräftiges Königsblau. Blau kühlt, beruhigt und gilt allgemein als Farbe introvertierter Menschen. Als traditionelle Geschäftsfarbe für Unternehmen signalisiert sie Vertrauenswürdigkeit und Solidität. Blau gehört zum Wasserelement und ist hilfreich in den Baguabereichen Geld, Vorfahren und Beruf.

Braun gehört zur Erde sowie gelegentlich zum Element Holz. Trauerkarten wurden in China in einem hellen Braun gehalten, da die Trauer eine Zeit der Ruhe sein soll. Wer sehr viel Braun verwendet, ist verläßlich, stetig, praktisch veranlagt und erdverbunden. Braun hilft Menschen, die zu Träumerei und Konfusion neigen. Langsame, bedächtige Charaktere hingegen könnten hierdurch zusätzlich gebremst werden. Braun ist besonders geeignet für die Bereiche Wissen, Beziehung, Förderer und Kinder.

Grün steht für Gleichgewicht, Harmonie, Frieden und stellt einen guten Ausgleich für unser gesamtes System dar. Kombiniert mit Rot ist es die Farbe des Wachstums und fördert Heilung und Ruhe. Reiselust und Eifersucht können ebenfalls angeregt werden. Geschäftsleute haben oft eine Vorliebe für Grün, weil es die Farbe des Gebens und Nehmens ist. Grüne Pflanzen strahlen Ruhe aus und lindern unsere Sorgen. Grün ist die Farbe unseres Herzchakras, ihre innere Visualisierung wirkt anziehend auf das, was wir brauchen. Zu viel Grün jedoch bewirkt Stagnation, weil auch die gewisse Quantität an Streß aufgehoben wird, die wir für eine gesunde Entwicklung brauchen. Es gibt ein bestimmtes Krankenhausgrün, das man meiden sollte, wenn die Gesundheit bereits angegriffen ist. Grün gehört zum Holzelement und wirkt gut in den Bereichen Geld, Vorfahren und Reputation.

Grau ist die Farbe derjenigen Menschen, die konformistisch erscheinen, ohne es zu sein. Es ist die Farbe der Selbstverleugnung und wird auch mit Angst und Depression assoziiert. An grauen Tagen sind wir nicht gerade in Topform. Ängstliche Charaktere sollten Grau meiden. Die Farbe ist mit dem Wasserelement verbunden und kann in der Diele sowie in den Bereichen Beruf, Förderer und Kinder verwendet werden.

Orange spricht Menschen an, die gern mit dem Strom schwimmen. Es ist eine soziale und kreative Farbe, die für soziale Aktivitäten, fröhliches Beisammensein sowie konstruktive mentale und physische Energie steht. Verheiratete Personen, die zuviel Pfirsich tragen, leiten zuviel Energie in ihre Beziehung. Je nach Tönung gehört die Farbe zum Feuer- oder zum Erdelement. Anwendungsbereiche liegen in den Baguazonen von Beziehung, Wissen, Gesundheit, Förderer und Kinder.

Rosa hat heilende Qualität und steht für Romantik und Liebe. Ärgert man sich, so visualisiert man diese Farbe, und der Ärger läßt nach. Es ist sehr gesund, Rosa in seiner Umgebung zu haben, denn es wärmt, tröstet und stärkt unsere Schwingungen. Je nach Farbton gehört Rosa zum Feuer- oder Erdelement. Anzuwenden in den Bereichen Beziehung und Wissen.

Purpur wird von den Chinesen für noch glückbringender angesehen als Rot. In sprichwörtlicher Form sagt man dort manchmal: »Das ist so rot, daß es schon purpur ist.« Es ist die Farbe der Philosophen und Träumer, der Redner, der Dichter und Visionäre. Sie wird assoziiert mit hohen Idealen, Loyalität, Wahrheit, Liebe und Leiden. Die Kirche hat Purpur zur Farbe der Märtyrer gewählt, und sie kann den so Gekleideten dazu anspornen, sich für ein Ideal zu opfern. Machtvollen, wohlhabenden oder vom Glück gesegneten Menschen von nobler Gesinnung sagt man nach, purpurnes Chi zu besitzen. Es ist die Siegelfarbe der höchsten Autoritäten. Purpur gehört zum Feuerelement und ist geeignet für die Bereiche Beziehung, Wissen und Ehre.

Rot ist die Farbe des Lebens, die am stärksten glückbringende Farbe von allen. Mit ihr verbinden sich Wachstum, Glücklichsein, Freude, Passion und Tugend. Man stärkt seinen Mut durch die Visualisierung von intensivem Rot. Und natürlich ist Rot die Farbe tiefer, energievoller Liebe. In China ist es deshalb die Farbe der Braut. Aufgrund ihrer emotionalen Qualitäten ist Rot für besonders gefühlsbetonte oder hyperaktive Menschen nicht so geeignet. Wie Schwarz besitzt auch Rot eine sehr starke Energie und wirkt am besten in kleinen Mengen. In China glaubt man, Rot halte böse Kräfte ab, und wem man ein »rotes Herz« zuschreibt, den hält man für einen Menschen ohne Tücke. Rot gehört zum Feuerelement, man verwendet es – immer sparsam – in den Bereichen Beziehung, Wissen und Ehre.

Weiß wird in China nicht sehr häufig verwendet, denn es ist die Farbe der Trauer. Im Westen hingegen wird Weiß als Farbe der Reinheit, Unschuld, Offenheit und auch Leichtgläubigkeit betrachtet. Wo zuviel Weiß in einer Wohnung ist, da wird es schwer, zu klaren Ansichten zu gelangen, denn es bleiben zuviele Möglichkeiten offen. Viel Weiß und viele Spiegel können der Lunge schaden. Weiß gehört zum Element Metall und macht sich gut in den Bereichen der Kinder, der hilfreichen Freunde und des Berufs.

Gelb ist die Farbe des Tuchs, in das in China die Toten eingewickelt werden. Es ist die Farbe der Kontrolle und wurde deshalb zur ewigwährenden Landesfarbe Chinas erklärt, die ausschließlich für den Kaiser und seine Nachfahren reserviert war. Gelb hat eine sammelnde Wirkung, es regt die geistigen Energien an und symbolisiert Weisheit, Geduld und Toleranz. Daher ist es gerade auch für ältere Menschen sehr zu empfehlen, die in der Gefahr stehen, ihren Horizont zu stark einzuengen. Gelb verbindet sich mit dem Erdelement und eignet sich für die Bereiche der Beziehung, des Wissens, der Förderer und der Kinder.

Kuren mit Farbe

- Wenn meine Kreativität gefordert ist, umgebe ich mich gern mit leuchtenden Farben in Form von Blumen oder Kissen. Leblose blasse Farben wirken dagegen wenig anregend.
- Dunkel getönte Zimmerdecken sind nicht zu empfehlen. Sie lähmen die Energie und bedrücken diejenigen, die darunter wohnen.
- Sind Sie auf der Suche nach einer leidenschaftlichen Beziehung, so tragen sie Rot und Schwarz. Mit Gelb und Schwarz werben Sie für eine intellektuell geprägte Beziehung. Wahre Liebe stimuliert man mit Rosa und Schwarz. Abenteuerliche Beziehungen in der Natur werden von der Kombination Grün und Schwarz gefördert. Purpur und Schwarz ist die Kleidung der spirituellen Beziehung, und wer sich verführen lassen möchte, trägt Weiß. Mit Blau hält man nach einem vernünftigen, zuverlässigen und leicht altmodischen Partner Ausschau. Stets braucht man von einer Farbe nur eine begrenzte Menge. Bei Herren genügt beispielsweise eine rote Krawatte, bei Damen ein rotes Band oder eine rote Brosche.

Die sechste Kur: Schwere Objekte

Das Chi schwerer, solider Objekte hat starken Yang-Charakter, der die umgebende Energie in eine abwärts gerichtete Bewegung leitet. Man plaziert einen gewichti-

Das glückbringende Rot ist die Farbe des Lebens.

gen Gegenstand nahe bei sich, wenn man einen erdenden Einfluß sucht. Auch in einem Garten kann man durch sorgfältig plazierte Statuen oder Steine Orte der Ruhe erschaffen. Salz ist eine der an Yang-Energie reichsten Substanzen der Welt, mir der sich Atmosphären stabilisieren und die Energien bestimmter Geister absorbieren lassen. Zu diesem Zweck gibt man das Salz in eine kleine Metall- oder Tonschale und stellt sie im Wissensbereich oder nahe der Eingangstür auf. Das Salz sollte alle drei Wochen ausgetauscht werden.

Kuren mit schweren Objekten

- Wenn das Schafzimmer über einem unbewohnten Raum, z.B. einer Garage liegt, kann ein schwerer Stein oder eine Betonfigur helfen, stärkere Verbindung zur Erde zu finden.

- Persönliche Unsicherheit kann gemildert werden, wenn man ein solides Objekt in der Nähe der Haustür plaziert.

- Eine wackelige Beziehung kann mit einem Paar von Steinfiguren im Beziehungsbereich gefestigt werden.

- Metalle, insbesondere Eisen, beeinflussen das umgebende Magnetfeld. Eine Uhr oder eine Skulptur aus diesen Materialien hat günstige Wirkung im Bereich der Förderer, des Berufs und der Kinder.

- Die Bereiche Gesundheit und Wissen gehören zum Element Erde und vertragen kein Wasser. Falls es in diesen Bereichen dennoch zuviel Wasser gibt, kann dort ein Metallgegenstand den Konflikt zwischen den beiden Elementen schlichten.

Das siebte Heilmittel: Tiere

Ein gesundes, liebevolles Tier kann unser Leben in sehr positiver Weise beeinflussen. Selbst Bilder oder Tierfiguren können noch etwas von dieser Wirkung haben. Entsprechend negativ ist der Einfluß kranker, unglücklicher oder bösartiger Tiere. Selbstverständlich rate ich hier nicht dazu, sich einfach eines kränkelnden Haustiers zu entledigen, mit dem man schon zwanzig Jahre zusammengelebt hat. Vielmehr muß dann dessen schwache Energie durch andere gesunde Lebewesen ausgeglichen werden. Von Natur aus soziale Haustiere darf man nicht allein lassen, sondern man besorgt ihnen einen Spielgefährten. Bei normalerweise freilebenden Tieren sollte man sich vergewissern, daß sie in Gefangenschaft geboren wurden und in einem Käfig glücklich sein können. Andernfalls werden sie sich unglücklich fühlen und entsprechend negative Energie verbreiten. Jeder Baguabereich kann von der Energie gesunder Tiere profitieren. Ich kannte einmal einen kleinen Jungen mit einem Hamster, den er sehr liebte. Nachts stellte er den Käfig neben sein Bett, damit sich das Tierchen nicht einsam fühlte. Tagsüber stand der Käfig meistens im Beziehungsbereich, und tatsächlich hatte der Junge auch viele Freunde.

Drachen sind Lebewesen des Himmels und Herrscher über alles, was im Wasser lebt. Es gibt drei Arten von Drachen. Der Lung ist der stärkste und lebt in den Lüften; der Li, der keine Hörner hat, lebt im Meer, und der Chiao hält sich vorzugsweise in Sümpfen und Bergregionen auf. Der Drachen wird als göttliches Tier verehrt, das jeden Wunsch erfüllen, aber auch jede Strafe verhängen kann. Die Figur oder das Bild eines grünen Drachens, aufgestellt im Bereich der Vorfahren, wacht über die Hausbewohner. Der Drachen steht mit den Elementen Erde und Wasser in Verbindung.

Einhorn – das mythische Fabelwesen und Träger von Glück, Langlebigkeit, Reichtum, Freude, Noblesse, Freundlichkeit und Weisheit. Eine bildliche Darstellung gehört unbedingt in den Bereich der Kinder.

Elefanten wirken schützend. Sie sind Symbole für Stärke, Weisheit und Klugheit, und man schreibt ihnen die Macht zu, Wünsche in Erfüllung gehen zu lassen. Erwartet eine Frau ein Kind und legt in dieser Zeit einen Kiesel auf eine Elefantenstatue, dann darf sie auf eine leichte, sichere Geburt hoffen und daß der Elefant einen Teil ihrer Schmerzen ertragen wird. Das Bild eines Elefanten neben der Ladenkasse sorgt für stetige Einkünfte und ihre weise Verwendung. Der Elefant gehört zum Element Metall.

Fische gelten in China als Vertreter von Geld, Überfluß und Eheglück. Ihr bester Platz im Haus ist in der Nähe des Hauseingangs oder im Geldbereich. Am widerstandsfähigsten und im Westen besonders leicht zu

Ein Paar turtelnder Tauben symbolisieren Frieden und Liebe.

bekommen sind Goldfische. Das stärkste Chi besitzt der Karpfen; gibt man ein Exemplar in ein Goldfischbassin, wird man feststellen, daß alle Fische deutlich lebhafter werden. Ein sprudelndes Aquarium mit Goldfischen fördert das gesunde Chi des Hauses. Am besten hält man neun Fische: acht goldene und einen schwarzen, der Ihre Gesundheit besonders schützen wird. Ein Fisch, der ohne ersichtlichen Grund stirbt, muß sofort ersetzt werden.

Ihre Fische müssen sich wohlfühlen und gesund sein. Dazu gehört ein genügend großes Wasserbecken mit Luftpumpe, Wasserfilter und Beleuchtung. Falls die Fische zu groß werden, bringt man sie zum Tierhändler zurück oder setzt sie im Gartenteich aus. Gestreßte Tiere verbreiten sonst stressige Schwingungen.

Nach vielen Versuchen steht für mich fest, daß ich nirgendwo ohne Aquarium wohnen möchte. Der Einfluß auf die finanzielle Situation ist wirklich positiv. Ein Fischbecken im Baguabereich des Berufs bringt Geld durch Arbeit; im Kinderbereich kann es dazu führen, daß die Kinder ein Stipendium bekommen. Im Süden bringt es Beförderung, und im Wissensbereich kommt Geld herein durch den Verkauf von Ideen oder Erfindungen. Außerdem schützen Fische die Gesundheit. Was kann man mehr erwarten?

Unsere gegenwärtige Lebenssituation spiegelt sich recht genau im Zustand unserer Fische wider. Fangen sie plötzlich an, sich gegenseitig aufzufressen, ist das ein Zeichen von zu viel Streß. Werden sie schwach oder krank, haben wir zuviel ungesunde Energie um uns herum. Wenn sie Nachwuchs bekommen, können auch bei uns zahlreiche neue Projekte beginnen. Wichtig bei all dem sind, wie schon gesagt, sauberes Wasser und gute Lebensbedingungen.

Füchse werden von den Chinesen mit übernatürlichen Dingen in Verbindung gebracht. Um zu ihnen ein gutes Verhältnis aufzubauen, überlassen sie ihnen Gaben von Fleisch und Räucherstäbchen. Mancher reichgewordene Chinese schreibt sein Glück der Verehrung dieses Tieres zu. Begeht jemand Selbstmord, sagt man ihm nach, daß er bis zum Zeitpunkt seines natürlichen Todes im

Energiefeld eines Fuchses weiterleben muß. Hilft man so einem Wesen, dann kann es auch uns helfen. Schadet man ihm, indem man dem Fuchs nachstellt, dann kann es uns Unglück bringen. Der Fuchs steht in Verbindung mit dem Feuerelement.

Grillen im Garten werden als besonders glückbringend angesehen, weil man sie für ein Symbol von Ewigkeit und Wiedergeburt hält. In reichen chinesischen Familien wurde den Verstorbenen eine Grille aus Jade in den Mund gesteckt, um ihnen eine glückliche Wiedergeburt zu ermöglichen. Grillen gehören zum Element Holz.

Hahn und Hennen symbolisieren die Freuden des Landlebens. Hühner sind recht couragierte Vögel, die ihre Küken sehr energisch verteidigen und ansonsten stets auf der Suche nach Eßbarem für sie sind. Sie stehen für Liebe und Fürsorge und werden dem Element Metall zugeschrieben.

Hasen sagt man nach, sie erhielten ihre Energie von der Betrachtung des Mondes. Ein Bild von ihnen bringt ein spirituelles Element in die Wohnung. Ein Hase im Garten ist ausgesprochen glückbringend und beschert einem langes Leben und das Wohlwollen der Götter. Er gehört zum Element Holz.

Hunde geben einem Haus eine wunderbare Energie von Freundschaft, Liebe und Unterstützung. Hunde gehören in den Bereich des Elements Erde, daher sollte ihre Schlafstelle in den Farben Braun, Gelb oder Burgunderrot gehalten werden.

Kaninchen stehen unter dem Zeichen des Holzes. Ihre Darstellung im Beziehungsbereich fördert eine warmherzige, liebevolle Partnerschaft.

Katzen sagt man nach, sie hätten die Macht, schadenbringende Geister fernzuhalten. Es bringt Unglück, wenn Ihre Katze Ihnen wegläuft oder gestohlen wird. Katzen gehören zum Element Holz, daher sollte ihr Lieblingsplatz etwas von den Farben Blau, Schwarz oder Grün haben.

Löwen bewachen die Eingänge von Häusern und Tempeln und werden dann auch als Fu-Hunde bezeichnet. Sie repräsentieren Würde und Macht und schrecken Dämonen und Übeltäter ab. Der Löwe ist nicht so stark wie der Tiger. Also kann man den bedrohlichen Einfluß eines Nachbarhauses, das Löwenfiguren neben dem Eingang stehen hat, durch das Aufstellen von Tigerfiguren abwehren. Der Löwe gehört natürlich zum Metallelement.

Ochsen stehen mit dem Erdelement in Verbindung und symbolisieren Frühling, Fülle und Überfluß. Das Bild eines Ochsen gehört in den Osten oder Nordosten des Hauses.

Phönix ist ein Vogel, der der Sage nach nur in Zeiten von Frieden und Wohlstand erscheint. Wie der Drachen ist er ein Wesen des Himmels und herrscht über alle Vögel. Sein Bild – ersatzweise das Bild eines anderen roten Vogels, denn der Phönix gehört zum Feuerelement – hängt man auf die Vorderseite des Hauses.

Pferde werden als Tiere des Feuers angesehen. Sie bringen Ihrem Haus die Qualitäten von Schnelligkeit, Klugheit und Ausdauer. Symbolisch wirkt auch das Anbringen von Hufeisen, Hufnägeln, Pferdebildern oder Pferdefiguren.

Ratten und Mäuse symbolisieren Fleiß und Wohlstand. Sie sind Teil des Wasserelements und ihre Figuren können im Norden des Hauses aufgestellt werden.

Rehe repräsentieren Langlebigkeit, weil sie der Sage nach den heiligen Pilz der Unsterblichkeit gegessen haben. Falls einmal ein Reh in Ihren Garten eindringen und einige Ihrer Lieblingspflanzen verspeisen sollte, können Sie sich mit der symbolischen Bedeutung dieses Vorganges trösten. Ihnen steht eine bemerkenswerte Beförderung bevor. Rehe gehören zum Element Holz.

Schafe und Ziegen spielten ja schon ein biblische Rolle und stehen für ein zurückgezogenes Leben und den Respekt der Kinder (wenn ein Lamm bei der Mutter trinkt, kniet es nieder). Beide Tiere gehören zum Element Erde.

Schildkröten, Tiere des Erdelements, sind das vierte himmlische Wesen. Glückbringend ist eine Schildkrötenfigur hinter dem Haus, die in Richtung Garten oder Straße blickt.

Schmetterlinge werden mit Freude und Sommer verbunden und gehören zum Feuerelement. Wer viele davon im Garten hat, darf das für ein Zeichen geringer Umweltbelastung halten.

Schwalben, die unter Ihrem Dach nisten, zeigen an, daß Erfolg nicht lange auf sich warten lassen wird.

Tiger gehören zum Metallelement und sind sehr gefährlich. Der Sage nach werden sie tausend Jahre alt und bekommen dann ein weißes Fell. Der weiße Tiger symbolisiert den Westen, sein Gegenstück ist der grüne Drachen des Ostens. Als Schutztier verjagt er Dämonen und ist der Herrscher aller Landtiere. Ein Bild von ihm ist ein kraftvoller Talismann; im Kinderbereich schützt es Ihre Lieben. Tiger repräsentieren männliche Energie und militärische Stärke.

Vögel im Garten sind ein gutes Zeichen, denn sie aktivieren Chi und bringen Energie. In alten Zeiten band man Tauben kleine Pfeifchen an die Schwanzfedern, die beim Fliegen als interessant empfundene Töne machten. Vögel gehören zum Element Erde.

Das achte Heilmittel: Pflanzen

Eine Welt ohne Pflanzen ist nicht denkbar, und unser Heim sollte im kleinen die Gesetze der großen Welt widerspiegeln. Pflanzen bieten wertvolle Unterstützung in dieser künstlichen Welt voller synthetischer Materialien, Elektrogeräte, Beton und Straßenverkehr. Pflanzen sind Ruhe und Vitalität. Wenn in einem Zimmer eine Pflanze nicht überleben kann, dann kann es auch kein Mensch. Gehen einem viele Pflanzen ein, ist das ein Zeichen, sich mehr um die eigene Gesundheit zu kümmern. Grüne, gesunde Pflanzen rund ums Haus sind hingegen ein Zeichen von gesundem Chi.
Pflanzen lassen sich mit guter Wirkung eigentlich überall im Haus aufstellen. Sie können spitze Ecken abmildern, Elektrosmog absorbieren und zu schnell fließende Energie bremsen. Kleine Pflanzen stellen einen Raum schneller voll, daher sind große Gewächse vorzuziehen.
Vorsicht vor Pflanzen wie Yucca, Kakteen oder Ananas. Ihre spitzen Blätter und Dornen vermitteln ein sehr schneidendes Chi. In kleinen Wohnungen, neben der Haustür oder im Beziehungsbereich haben sie nichts zu suchen, da sie Besucher abschrecken und zu Verletzungen führen können. Geld- und Jadebäumchen hingegen bringen Glück und stärken Ihre Finanzen. Ihr eigenes Chi vermischt sich mit dem Chi dieser Gewächse; pflegen Sie sie gut, damit Ihnen selbst das Glück gewogen bleibt

Frische Blumen sind ein wunderbares Geschenk und energetisch viel gesünder als Pralinen. Schnittblumen geben mehr Energie ab als Topfpflanzen und absorbieren auch mehr Streß. Zur Zeit stehen drei üppige Sträuße mit Nelken auf meinem Schreibtisch: zwei neben dem Computer und ein weiterer rechts von mir. Sie absorbieren den Elektrosmog, und ihre frischen Farben inspirieren mich. Neben der Eingangstür sowie im Beziehungbereich machen sich rote oder rosafarbene Blüten besonders gut.

Azaleen und Rhododendron besitzen einen betäubenden Inhaltsstoff, der besonders bei Ziegen wirkt, die davon fressen. Beide Pflanzen sind gut für die Gesundheit, denn sie absorbieren Energien, die Rheuma und Zahnschmerzen verursachen.

Bambus sagt man ein besonders langes Leben nach. Und aus Bambus lassen sich sehr schöne Flöten schnitzen. Man hängt sie paarweise mit einem roten Band zusammengebunden an markante Deckenbalken im Haus, um deren trennende Energie auszugleichen.

Birnen sollten vor allen Regierungs- und Unternehmenssitzen gepflanzt werden, denn sie fördern Gerechtigkeit, Weisheit und vorausschauende Regierungskunst.

Bonsai-Bäumchen besitzen die gleiche Energiequalität wie ausgewachsene Bäume. Sie stärken Gesundheit und Finanzen, weshalb man sie gern in den Bereichen Ehre, Vorfahren oder Geld aufstellt.

Chrysanthemen sind ein Symbol der guten Laune und bringen ihrem Züchter Freude und Heiterkeit. Im Chinesischen haben die verschiedenen Sorten wunderbare Namen wie »Himmel voller Sterne« oder »Trunken vom Pfirsichwein der Unsterblichen« .

Jasmin ist als Pflanze der Freundschaft bekannt. Wer je an einem warmen Frühsommerabend ihren Duft gerochen hat, wird dieser Charakterisierung zustimmen.

Kirschen sind ein beliebtes Symbol für das »schöne Geschlecht«. Pflanzt man einen Kirschbaum bei der Geburt eines Mädchens, so soll er ihre Gesundheit stärken und es klug und glücklich werden lassen.

Lilien bringen jedem Menschen Glück. In Literatur und Kunst wurden sie immer wieder als Symbol von Reinheit und Unschuld besungen.

Magnolien sind den Chinesen als »Baum mit dem heimlichen Lächeln« bekannt. Ihre Inhaltsstoffe verwenden sie zu medizinischen Zwecken.

Narzissen tragen auch den Namen »Wasserfee«. In China gibt man sich alle Mühe, sie genau zu Beginn eines neuen Jahres zur Blüte zu bringen, um die kommenden zwölf Monate mit einem günstigen Vorzeichen zu beginnen.

Pfingstrosen werden als Blumen des Reichtums und der Ehre angesehen und sollen die männliche Energie stärken. Üppig blühende Pflanzen gelten als gutes Omen, während ihr plötzliches Welken dem Besitzer eine Warnung vor drohender Gefahr sein sollte.

Pinien und andere Nadelbäume stehen für ein langes Leben, und es ist besonders glückbringend, einen Baum zur Geburt eines Jungen zu pflanzen. Eine immergrüne Hecke rund um Ihr Grundstück bringt Ihnen langes Leben, eine blattabwerfende Hecke hingegen kann zu schwächerer Gesundheit führen.

Pflaumen sollen mit ihrem Chi dazu beitragen, dem Besitzer ein langes Leben und einen natürlichen Tod zu bescheren.

Rosen, sofern sie neben Wegen oder Torbögen stehen, werden für das Symbol für eine rasch zu Ende gehende Beziehung gehalten.

Das neunte Heilmittel: Symbole

Wenn alles, was wir den lieben langen Tag um uns herum sehen, düster und karg ist, werden wir unglücklich. Blumen, Bäume und Tiere hingegen heben unsere Stimmung. In anderen Worten: Unsere Umgebung hat einen starken Einfluß auf uns. Dabei wirken diese Einflüsse im wesentlichen auf einer uns nicht bewußten Stufe. Auch wenn wir älter werden, tragen wir noch die Eindrücke unserer Kindheit in uns, und auch als Erwachsene werden noch unsere meisten Entscheidungen durch unbewußte Faktoren geprägt.

Welche Erwartungen entstehen bei Ihnen, wenn Sie mit einem Herrn Grob oder einer Frau Scheußlich verabredet sind? Und wenn stattdessen Frau Lieblich oder Herr Held Ihre Gesprächspartner sind? Unsere Einstellungen haben mit Logik nichts zu tun, und doch hat der erste Eindruck weitreichende Konsequenzen.

In ähnlicher Weise werden wir auch von allem beeinflußt, was uns zu Hause umgibt. Ich ziehe meine Vermutungen über das Leben meiner Klienten zum Beispiel aus den Bildern in ihrer Wohnung. Sind überhaupt keine Bilder vorhanden, kann es sein, daß die Bewohnerin zu Einsamkeit und Depression neigt. Gibt es viele Bilder, Statuetten oder Lampen mit der Darstellung von Frauen oder Frauengruppen, gehe ich davon aus, daß die allein lebende Hausherrin zahlreiche Freundinnen hat. Eine Häufung von Fotos mit Wassermotiven deutet auf jemand hin, der noch auf der Suche nach seinem Lebensweg ist.

Wer im Kino einen fröhlichen Film anschaut, wird sich hinterher heiter und leicht fühlen; aggressive und brutale Streifen hinterlassen beim Betrachter eine düstere Wirkung. Ein Wartezimmer, dekoriert mit Schwertern und Streitäxten, bewirkt, daß sich die Besucher innerlich verhärten. Wählt man stattdessen ein Foto spielender Kätzchen (vorausgesetzt man mag Katzen!), kann sich die Aura der Besucher in Richtung einer weichen, warmen Energie entwickeln.

Man muß also sehr aufpassen, mit welchen Symbolen man sich umgibt – erst recht im eigenen Heim, dem Ort des Rückzugs und der Erholung. Hier sind Wärme, Sicherheit und Geborgenheit wichtig. Bevor Sie ein Foto oder Poster aufhängen, sollten Sie es nicht nur mit den Augen, sondern auch mit dem Herzen ansehen, um zu spüren, ob es Ihnen wirklich zusagt.

Geld hat eine sehr starke Energie. Seien sie aber vorsichtig, denn seine Energie hat soviel Macht, daß es die Herrschaft über Sie gewinnen kann. Eine Collage aus richtigem Geld, installiert im Baguabereich des Geldes, kann auf Ihre Finanzen jedenfalls einen sehr positiven Einfluß haben.

Denken Sie nur an den Weg, den ein Geldschein nimmt. Mit tausenden von anderen Scheinen wird er gedruckt, und der Drucker sagt sich: »Oh, so viele schöne neue Scheine.« Dann kommt der Schein in die Bank, wo er von Ihnen abgehoben wird, und Sie freuen sich über das frisch knisternde Papier. Einen bestimmten Betrag geben Sie im Modegeschäft aus; die Besitzerin freut sich und gibt wieder etwas von ihrer Energie hinzu. Von dort wandert das Geld zum Gemüseladen, in die Werkstatt und immer weiter und sammelt so immer mehr Energie.

Ich kannte einmal einen sympathischen, wohlhabenden Kanadier. Er war im Ölgeschäft tätig und besaß mehr Geld, als er und seine Familie ausgeben konnte. Mit seinen 51 Jahren hatte er bereits drei Herzinfarkte gehabt. Ich erklärte ihm, daß nach Ansicht des Feng Shui Geld seine eigene Energie besitzt, die von einem Besitz ergreifen kann. Er lachte und räumte diese Möglichkeit ein, doch wollte er nicht zulassen, daß ich in seinem Haus irgendwelche Gegenmaßnahmen ergriff. Er versprach allerdings, sich ein Jahr Pause zu gönnen.

Nach einigen Monaten hörte ich, daß er eine neue Ölquelle entdeckt hatte und mehr verdiente als je zuvor. Einen weiteren Monat später erlitt er einen weiteren schweren Herzinfarkt, den er nicht überlebte.

Geld kann also wirklich gesundheitsschädlich sein, und es hat ein Suchtpotential, das vermutlich höher liegt als das von Zigaretten. Wissen Sie, wie schwer es ist, mit dem Rauchen aufzuhören? Ein chinesisches Sprichwort sagt hierzu: »Mehr Geld, weniger Gesundheit« .

Glückbringende Symbole für die verschiedenen Baguabereiche

- Eingangsbereich: Es wird als sehr glückbringend angesehen, wenn nahe des Eingangs zu Wohnung oder Geschäft drei Fische zu sehen sind.

- Bereich Reputation: Symbolische Darstellungen Ihrer selbstgesteckten Ziele, z.B. Sport-Trophäe, Wunschauto oder Cover des Buches, an dem Sie gerade schreiben. Darstellungen oder kleine Figuren von Hahn, Phönix, Schildkröte oder Drachen.

- Bereich Beziehung: Fotos von Ihnen und Ihrem Partner als Paar in einem glücklichen Augenblick; Darstellungen von Kaninchen oder anderen Tierpaaren; eine weiße Vase mit roten oder rosafarbenen Blumen.

- Bereich Geld: eine Collage aus echtem Geld; Darstellungen von Wasser, Naturmotiven, Rehen oder Fischen.

- Bereich Vorfahren: Fotos von Verwandten; Figur eines grünen Drachen.

- Bereich Wissen: Bilder von Bergen; Elefant, Schildkröte oder ein Hase, der den Mond anhimmelt.

- Bereich der hilfreichen Freunde: Darstellungen von Engeln, Wolken (wie z.B. auf der nächsten Seite), Sternen oder erträumten Reisezielen.

- Bereich Kinder: Darstellungen oder Figuren von Kindern; Tiger (weiße sind besonders zu empfehlen) oder Einhorn; ein Buddha mit Kindern.

Das zehnte Heilmittel: Drehende oder sich bewegende Objekte

Zu dieser Klasse von Gegenständen gehören Windmühlen, Mobiles, Ventilatoren, Seidenfahnen, Bänder, Wetterfahnen oder Drehtüren. Jede Art von Drehbewegung zirkuliert Chi und zerstreut schlechte Energie. In einem dunklen, feuchten Erdgeschoß oder Keller kann schon das gelegentliche Durchlüften für einige Stunden mit einem Ventilator verhindern, daß sich Fäulnis bildet. Wo ein Bereich fehlt, können einige Windmühlen im Garten den Energie-Level heben. Bewegung zieht Aufmerksamkeit auf sich und damit Energie. Außerdem sorgen sich bewegende Objekte dafür, daß Energie weder zu schnell noch zu langsam fließt.

Ein Bild wie dieses im Bereich der Wohltäter verbessert dort die Qualität der Schwingungen im ganzen Haus.

Bewegung als Heilmittel

- Ein Deckenventilator, an einem Balken befestigt, löst dessen trennendes Chi auf.
- Der Geldbereich braucht Bewegung; ein Ventilator ist da hilfreich.

Das elfte Heilmittel: Transzendentale Hilfen

Der Feng- Shui-Meister Professor Lin Yun beschreibt die Wirksamkeit transzendentaler Heilmittel ungefähr folgendermaßen: Hat man etwa ein Beziehungsproblem, dann kann man eine Eheberatung aufsuchen, gemeinsam Ferien machen oder sich Blumen schicken. Die Erfolgsaussichten liegen hier bei etwa zehn Prozent. Oder man kann eine transzendentale Kur machen, was zwar wenig logisch erscheint, aber eine Erfolgsaussicht von etwa 110 Prozent hat, weil sich nicht nur die

Beziehung zum Partner, sondern auch zu allen anderen Menschen verbessert.
In China glaubt man, daß rote Gegenstände schlechte Einflüsse fernhalten können. Früher wurden Türpfosten und Schwellen mit dem Blut eines Opferlamms bestrichen (wie es übrigens in vielen Kulturen Brauch war). Noch heute wird in manchen Gegenden Chinas Schafsblut mit Gips vermischt, um Tür- und Fensterrahmen zu verputzen. Um nämlich ein Haus oder Dorf zu bauen, mußten früher sehr viele Bäume gefällt werden, und die Baumgeister, die dadurch vertrieben wurden, mußten mit einem Opfer besänftigt werden. Im Laufe der Zeit wurde das Blut durch rotes Papier oder Holz ersetzt. Heute werden Röllchen aus rotem Papier, auf die Segenssprüche gemalt sind, zum Schutz des Hauses aufgehängt.
Sprüche gegen böse Geister können auch mit schwarzer bzw. roter Tusche auf gelbes Papier geschrieben werden. Sie werden an der Tür oder am Bettpfosten aufgehängt. Eine weitere Möglichkeit ist, sie zu verbrennen und, mit heißem Wasser vermischt, zu einer bestimmten Zeit zu trinken. Dazu werden die »Drei Geheimnisse« (siehe unten) ausgeführt. Chinesische Familien oder Firmen, die zu Geld gekommen sind, behalten oftmals das Häuschen oder Büro, in dem ihr Aufstieg begonnen hat. Dies selbst dann, wenn man inzwischen in einem viel größeren Domizil wohnt und das ursprüngliche Haus in einer heruntergekommen Gegend liegt.

Transzendentale Kuren

Bei der Anwendung transzendentaler Kuren muß man die sogenannten Drei Geheimnisse berücksichtigen:

1. *Mudra* – eine bestimmte Handgeste
2. *Mantra* – eine Art von Gebet
3. *Visualisierung* – die Vorstellung des gewünschten Ergebnisses

- Für Gesundheit: Vor Krankenbesuchen stecken Sie ein Stück Orangenschale in die Tasche, das anschließend verbrannt wird. Das schützt Ihre eigene Gesundheit.

- Gegen Dachbalken: Balken können zu Streit führen. Zwei Bambusflöten werden mit einem roten Band zusammengebunden und an den Balken gehängt, um negative Ladung zu absorbieren.

- Gegen Wendeltreppen: Um den schlechten Einfluß einer Wendeltreppe wenigstens etwas zu mildern, wird grünes Band oder grüne Schnur durch die Geländerstäbe geflochten.

- Gegen Arbeitslosigkeit und Depression: Lernen Sie während eines Zeitraums von 27 Tagen pro Tag einen neuen Menschen kennen. Bitten Sie ihn um nichts, und beklagen Sie sich über nichts.

- Für gute Einkünfte: Stellen Sie eine chinesische Spardose in Form eines Schweines unters Bett. Stecken Sie 27 Tage lang jeden Abend eine Münze hinein, und visualisieren Sie dabei möglichst genau, was Sie mit dem Geld erreichen möchten.

- Gegen Depression: Während eines Zeitraums von neun Tagen stellen Sie täglich 27 Gegenstände um, die Sie schon lange nicht mehr in die Hand genommen haben.

Das Mudra: Die rechte Hand mit der Fläche nach oben wölben, die linke umgekehrt darauf legen, die Daumen berühren sich – die Hände bis auf Brusthöhe erheben.

Das Mantra: Om Mani Padme Om (neun Mal wiederholen).

Visualisieren: Sich das Gewünschte so klar wie möglich vorstellen.

Die Bezahlung eines Feng-Shui-Meisters für eine transzendentale Kur erfolgt in einem roten Umschlag.

Reinigung

Die Reinigung von Wohnungen oder Häusern spielt im Feng Shui eine wichtige Rolle, doch sind derartige Vorgänge keineswegs auf die chinesische Kultur beschränkt. In seinem Buch Feng Shui and Western Building Ceremonies beschreibt Derham Groves eine Hauseinweihung, bei der zahlreiche Freunde das Elternhaus besuchen kamen, wobei sie mit Holzlöffeln auf Kochtöpfe schlugen und Steine aufs Dach warfen, um böse Geister zu vertreiben. Auch das ist eine Form von Reinigung.

Von Zeit zu Zeit braucht alles eine Reinigung, wie das schmutzige Geschirr nach dem Essen oder unsere Wäsche. Wir meditieren sogar, um uns von unserem endlosen mentalen Geplapper zu reinigen. Jede Kultur hat ihre eigenen Techniken der Klärung von Körper und Geist – von Gesang und Tanz bis zu Atemübung und Gebet.

Die Atmosphäre unseres Planeten absorbiert viele verschiedene Energien und kann an manchen Stellen von schweren Vibrationen regelrecht verschmutzt sein. Im Feng Shui unterscheidet man sieben verschiedene Niveaus von Luftqualität. Am unteren Ende rangiert die Luft, die man in einer Höhle vorfinden würde. Sie ist feucht und schwer, und ihr Chi ist sehr unrein, weil es praktisch nicht bewegt wird. Die siebte Stufe nimmt die Bergluft ein, die fast ununterbrochen vom Wind bewegt wird. Tempel und heilige Orte sind oft auf Bergen angesiedelt. Irgendwo dazwischen liegt die unreine Atmosphäre eines Gefängnisses, wo negative Energie in Form von Trauer, Angst und Depression entsteht. Hinzu kommt hier, daß sich in den oftmals geschlossenen Räumen die entsprechenden Vibrationen aufbauen und verstärken, weil sie sich nicht auf natürliche Weise zerstreuen können. Auch unser eigenes Haus kann zu einem Behälter werden, in dem sich alle möglichen Formen von Energie aufbauen – speziell im Winter, wenn wir Fenster und Türen geschlossen halten.

Dinge nehmen die sie umgebenden Schwingungen an. Daher möchten viele Menschen ein Erinnerungsstück – z.B. einen Ring – eines lieben Verstorbenen behalten, weil er etwas von dessen Energie bewahrt. So wird auch alles, was in einem Haus passiert, dort absorbiert: von den Wänden und Böden, den Möbeln, Pflanzen und sogar von den Haustieren. Und die Eindrücke bleiben, bis sie gereinigt werden. Starke Emotionen hinterlassen Spuren wie ein Spaziergänger im Schnee. Haben Sie sich schon einmal erfreut an der heimeligen Wärme einer glücklichen Familie? Oder kennen Sie die Spannung in einem Raum, in dem gerade ein Streit stattgefunden hat? Eine Luft »wie mit dem Messer zu schneiden« – was für ein passender Ausdruck! Gibt es einen Raum, in dem öfters gestritten wird oder wo man sich häufig traurig fühlt, dann kann er einen Energieeindruck bekommen, der sich Ihnen jedesmal mitteilt, wenn Sie diesen Raum betreten.

Negative Energie, wie Spinnweben, sammelt sich gern in den Ecken. Indianer, Inuits und viele andere Naturvölker wollen lieber in runden Behausungen wohnen, weil sie glauben, daß sich in Ecken nur Übles sammeln kann. Auch im Westen mögen wir keine dunklen Ecken, in denen wer weiß was lauern könnte. Die meiste schlechte Energie sammelt sich übrigens in den Ecken zwischen Wänden und Decke, da am Boden oft mehr Bewegung herrscht, die die Energie verwischt.

In alten Häusern kann sich die Energie von Jahrhunderten angesammelt haben. Hier ist jede Reinigung wirklich ein Fest, denn man spürt danach den Unterschied.

Requisiten

Kerzen, die bei einer Reinigungsprozedur verwendet werden, sollten immer weiß sein.

Räucherstangen kauft man im Dreierpack. Sie sind 30 Zentimeter lang und etwa 12 Millimeter dick. Die besten sind mit gold-grün-rosafarbenen Mantras und Drachen verziert, und wenn man sie anzündet, sieht es so aus, als käme der Rauch aus dem Maul des Drachen.

Eine Schale kann die Asche der Räucherstangen auffangen.

Weihrauch ist ein Duftmittel, das oft in Kirchen verwendet wird. Die relativ groben Körner müssen auf einer glühenden Kohletablette verbrannt werden.

Räucherbesen stammen aus Nordamerika und werden aus wohlriechenden Kräutern gebunden; Salbei, Zeder und verschiedene Grassorten sind besonders beliebt. Wenn man die Kräuter pflückt, bittet man die Pflanze um Erlaubnis, bedankt sich auch bei ihr, und reißt sie niemals ganz aus. Man trocknet die Zweige und bindet sie mit einem Baumwollfaden zu einem dicken Bündel zusammen.

Streichhölzer, um Kerzen, Räucherstäbchen und Räucherbesen anzuzünden.

Heiliges Wasser stellt man durch Weihe des Wassers mit bestimmten Mantras und Gesten her. Auch Kerzen und Glocken spielen dabei eine Rolle.

Wann soll man reinigen?

Nach Krankheit und Tod muß das Bettzeug gewaschen und das ganze Haus sorgfältig gereinigt werden, um gefährliche Schwingungen zu beseitigen.

Reinigen Sie ein Haus stets, wenn Sie fortziehen. Die Emotionen, die Sie im Laufe der Jahre gefühlt haben, sind noch im Haus. Und wenn Sie fortziehen, ohne sie zu entfernen, werden Sie den Eindruck behalten, ein Stück von sich zurückgelassen zu haben.

Reinigen Sie ein neues Haus sofort, nachdem Sie es leergeräumt und neu tapeziert haben. Machen Sie einen frischen Anfang ohne die alten Energien der Vorbewohner.

Besondere Gründe für eine Reinigung:

- *Das Haus steht auf einem ehemaligen Friedhof oder Begräbnisplatz.*
- *Das Haus steht auf einem Schauplatz, wo Kämpfe oder Hinrichtungen stattgefunden haben.*
- *An der Stelle Ihres Hauses hat früher ein Schlachthaus, eine Metzgerei, ein Bestattungsinstitut, ein Leichenschauhaus, ein Krankenhaus, Gefängnis oder Irrenhaus gestanden.*
- *Das Haus mußte aufgrund eines Bankrotts aufgegeben werden.*
- *Im Haus ist jemand durch Unfall umgekommen oder jung verstorben.*
- *Im Haus ist jemand ermordet worden.*
- *Es hat einen Einbruch oder ein Feuer gegeben.*
- *Das Haus hat ein schlechtes Karma.*

Wann man nicht reinigen sollte:

- *Wenn man sich nervös oder unsicher fühlt.*
- *Nach Einbruch der Dunkelheit.*
- *Während der Periode oder mit einer offenen Wunde. Blut zieht eine negative Art von Energie an, und die Atmosphäre kann hinterher unreiner sein als vorher.*
- *Wenn man sich nicht ganz gesund fühlt oder keine kraftvolle Energie freisetzen kann.*
- *Während der Schwangerschaft.*

Blumen werden ebenfalls benötigt. Eine rote soll Glück, Liebe und Leben bringen; eine gelbe soll Lachen und Freude bescheren, und eine weiße soll Gesundheit und Reinigung darstellen.

Glocken werden überall auf der Welt geläutet, um Dämonen und Geister zu vertreiben. Laut einer alten chinesischen Überlieferung sollen die wellenartigen Schwingungen der Glocken den König der Dämonen wahnsinnig machen und ohnmächtig werden lassen und die Leiden der Seelen in der Hölle lindern.

Eine Mayakugel, über der Herzgegend getragen, bietet einen sehr guten Schutz.

Trommeln kommen bei Reinigungszeremonien vor den Glocken zum Einsatz.

Der Räucherbesen

Entzünden Sie das Kräuterbündel und blasen Sie dann die offene Flamme aus. Der Räucherbesen qualmt von alleine weiter. Sie halten ihn in einer Hand, während Sie durchs Haus gehen und den Rauch in die gewünschten Stellen blasen. In der anderen halten Sie eine Schale, um die Asche aufzufangen. Sie können auch eine Person mit Rauch reinigen, doch geben Sie bitte acht, ihr mit dem Räucherbündel nicht zu nahe zu kommen. Verteilen Sie den Rauch mit einer Feder, um die Aura der Person noch feiner zu reinigen.

Die Reinigungsprozedur

1 Staubsaugen und wischen Sie das ganze Haus. Wer Ihnen nicht zur Hand gehen soll, verläßt das Haus. Stellen Sie Fernseher und Stereoanlage ab. Öffnen Sie ein Fenster. Energie kann auch durch Wände fließen, doch durchs Fenster geht es schneller.

2 Nehmen Sie ein Bad, oder waschen Sie wenigstens Hände, Arme und Gesicht. Ziehen Sie Schmuck, Uhr und Schuhe aus. Diese Dinge könnten die verschmutzte Energie aufnehmen und müßten danach selbst gereinigt werden. Im übrigen sind Sie ohne Schuhe besser geerdet.

3 Wenn Sie sich unsicher fühlen, kann dies eine Warnung sein, daß das Haus zu stark für Sie ist. Bitten Sie eine Freundin oder einen Freund, Ihnen zu helfen. Verspüren Sie dann immer noch Hemmungen, sollten Sie zur Reinigung professionelle Hilfe in Anspruch nehmen.

4 Entzünden Sie mitten im Haus eine weiße Kerze und eine der Räucherstangen. Das Gesetz des Universums verlangt, daß Sie immer erst geben, bevor Sie empfangen. Weihen Sie Kerze und Rauch also Ihren Vorfahren und Lehrern und bitten Sie sie um Beistand und Schutz.

Es ist zu empfehlen, sich bei den ersten Reinigungs-Prozeduren gut zu schützen. Folgende Visualisierung ist sehr hilfreich: Stellen Sie sich zunächst Ihre Aura vor, die ungefähr soweit reicht wie Ihr ausgestreckter Arm. Umgeben Sie die Aura in der Vorstellung mit einer Hülle von Licht. Sie können jede Farbe wählen, die Ihnen gefällt, mit Ausnahme von Rot. Schützen Sie diese Lichthülle nach außen hin mit einer dicken Kruste aus Meersalz. Nun sind Sie sicher. Sie brauchen während der Arbeit nicht ständig an diese Hülle zu denken; sie wird von Ihnen selbst unbewußt aufrechterhalten, bis Sie sie nicht mehr benötigen.

5 Bitten Sie nun um die Erlaubnis, das Haus zu reinigen. Sobald Sie »ein Lächeln im Herzen« spüren, wissen Sie, daß die Erlaubnis erteilt wurde.

6 Zünden Sie nun die beiden anderen Räucherstangen an und plazieren Sie sie in geeigneten Haltern in der Mitte jedes Stockwerks. Hat Ihr Haus nur eine Etage, plazieren Sie eine Räucherstange neben der Haustür und eine neben dem Hinterausgang. Gibt es keinen Hinterausgang, dann stellen Sie die dritte Stange neben ein offenes Fenster auf der dem Eingang gegenüberliegenden Hausseite. Legen Sie die roten, weißen und gelben Blumen neben die Kerze.

7 Mit dem Räucherbesen oder Weihrauchspender beginnen Sie nun die eigentliche Reinigung. Man fängt an der Haustür an und bläst den Rauch gegen sämtliche Wände und Ecken. Dabei wiederholt man im Geiste seine Absicht, das Haus nun zu säubern und mit Liebe und Freude zu füllen. Man beschließt den Rundgang wieder an der Haustür mit einer in die Luft gemalten Acht aus Rauch.

8 Man wäscht Hände, Arme und Gesicht mit kaltem Wasser und kehrt zur Kerze zurück, wo man Lehrern und Vorfahren für ihre Hilfe dankt und sie um Unterstützung für den nächsten Schritt bittet.

9 Sie gehen im ganzen Haus herum und singen dabei ein beschützendes Mantra, wie etwa das bekannte »Om Mani Padme Hum«. Um die stagnierende Energie in Bewegung zu setzen, klatschen Sie, wiederum mit Beginn bei der Haustür, überall dreimal laut in die Hände, mit einer deutlichen Steigerung der Lautstärke vom ersten zum dritten Klatschen.

10 Wiederholen Sie Schritt 8. Singen Sie das gleiche Mantra wie zuvor oder einen selbstgemachten Spruch zum Thema der Reinigung. Schlagen Sie Ihre kräftigste Glocke laut und ununterbrochen, während Sie von der Haustür weg durchs ganze Haus bis zurück zur Türe gehen. Lassen Sie die Glocke ausklingen, während Sie mit ihr in der Luft eine Achterbewegung vollführen. Warten Sie, bis es still geworden ist.

11 Wiederholen Sie Schritt 10 mit Ihrer nächstkleineren und dann noch einmal mit Ihrer kleinsten Glocke mit dem höchsten Klingelton.

12 Waschen Sie nochmals Hände, Arme und Gesicht mit kaltem Wasser, kehren Sie zur Kerze zurück und danken Sie Ihren unsichtbaren Helfern. Dann läuten Sie jede der drei Glocken dreimal über der Kerzenflamme, und schenken das Läuten Ihren Helfern.

13 Falls heiliges Wasser zur Hand ist, gießen Sie es in eine saubere Schale, tauchen die drei Blüten hinein und verspritzen das Wasser großzügig vor allem in kritischen Ecken und über den Betten. Falls Sie eine Mayakugel getragen haben, reinigen Sie sie mit dem Wasser und lassen sie dann an der Luft trocknen.

14 Das restliche Wasser schütten Sie genau vor der Haustür und dem Hintereingang auf den Boden. Wickeln Sie die Blüten in sauberes Papier und deponieren Sie sie so, daß sie niemand mehr berühren kann.

15 Reinigen Sie sich selbst und Ihre Helfer mit einem Räucherbündel.

16 Nun ist das Haus fertig und muß versiegelt werden. Man befestigt Mayakugeln und Baguaspiegel an strategischen Punkten in Fenstern und über den Türen und visualisiert dabei den Schutz des Gebäudes. Stellen Sie sich zunächst das ganze Haus vor. Heben Sie die Arme, senken Sie sie mit einem Zischen und stellen Sie sich dabei vor, wie Sie ein starkes Lichtschild rund ums Haus ziehen. Wiederholen Sie dies mit allen Seitenwänden, dem Dach und der Unterseite. Zum Schluß setze ich das Ganze in eine Spirale von rotierendem Licht – und fertig.

Drei Räucherstangen für die Reinigung und Segnung.

17 Jetzt müssen Sie sich selbst reinigen. Nehmen Sie innerhalb der nächsten sechs Stunden ein mindestens zehnminütiges Bad, in das Sie eine große Tasse Salz verrührt haben. Duschen Sie sich danach so kalt wie möglich. Nun sind auch Sie wieder sauber.

Die Richtungen

Der Saturn wird als zentrales Gestirn angesehen, und es kann unser Schicksal stark beeinflussen, ob sich die Erde gerade auf ihn zu- oder von ihm fortbewegt.

Die Erde wird von starken Magnetfeldern umgeben. Gewaltige Strömungen durchziehen das Erdinnere, die Ozeane und die Atmosphäre. Sollen all diese Kräfte ohne Einfluß auf uns sein?

Einer meiner Lehrer erzählte mir einmal folgende hübsche Geschichte: Es war einmal ein kleiner Fisch, der lebte im Meer nahe dem Nordpol. Das Wasser, in dem er sich bewegte, konnte er genau so wenig sehen, wie wir die Luft sehen können, die uns umgibt. Eines Tages geriet er, ohne es zu wissen, in die große Strömung, die zum Äquator zieht. Tag für Tag schwamm er umher, wie es ihm paßte, knabberte am Seetang und unterhielt sich mit seinen Freunden, bis er irgendwann in den warmen Wassern des Äquators ankam. Hatte dieser Fisch einen freien Willen? Ja und nein – jedenfalls glaubte er bei seiner Ankunft im warmen Ozean, daß er alle Entscheidungen, die ihn dahin geführt hatten, bewußt getroffen hatte. Wenn man eine Kraft nicht erkennt, heißt das nicht, daß sie nicht da wäre. Wer also meint, daß wir Menschen einen freien Willen hätten, hat ebenfalls nur zum Teil recht. Die Kraftfelder der Erde und des Kosmos üben einen nie nachlassenden Einfluß auf uns aus.

Wir haben alle einen eingebauten Kompaß. Der Grundstoff unseres Blutes ist das Hämoglobin, und im Zentrum dieses Moleküls sitzt ein Eisenatom. Schüttet man Eisenfeilspäne auf ein Blatt Papier und bewegt darunter einen Magneten, dann sieht man, wie die Späne tanzen und sich entlang der Kraftlinien anordnen. In eben dieser Weise werden wir von den uns umgebenden terrestrischen Magnetfeldern beeinflußt. Hiervon hängt ab, wie unserer innerer Kompaß funktioniert und ob unsere Intuition uns in die richtige Richtung weist, oder ob wir auf eine gefährliche Bahn kommen, weil unser Chi aus dem Gleichgewicht ist.

Wenn Sie eine weite Reise antreten oder einen Umzug über eine Distanz von mindestens zwei Kilometern machen, werden Sie von den magnetischen Van-Allen-Gürteln beeinflußt. Dieser

Einfluß kann zwischen drei und fünfzehn Jahren anhalten bzw. bis zum nächsten Umzug. Je weiter Sie sich bewegen, desto stärker wird der Einfluß. Naturgemäß sind Zeit- und Entfernungsangaben hier nur in einem ungefähren Sinn zu verstehen, da sich die Energien ständig verändern.

Charlie Chaplin

Chaplin traf eine sehr gute Entscheidung, als er im Jahre 1917 nach Kalifornien (Westen) reiste. Seine Karriere begann, er begegnete Oona und fand Ruhm und Wohlstand. Ein Jahr später wäre diese Richtung ungut gewesen.

So kann es sein, daß Sie in einem Jahr an einem bestimmten Ort einen herrlichen Urlaub verbringen. Im nächsten Jahr kehren Sie dorthin zurück, doch nichts ist mehr wie beim letzten Mal: Der Jet-Lag ist furchtbar, Sie verlieren wichtige Dinge und Ihre Reisebegleitung geht Ihnen auf die Nerven. Diesmal haben Sie eine Richtung gewählt, die Ihnen Energie entzieht. Umgekehrt liegt der Fall, wenn Sie in eine Richtung reisen, die Ihre Energie zu sehr verstärkt. Sie geraten mit anderen in Streit, harmlos gemeinte Bemerkungen führen zu starken Abwehrreaktionen, und Ihre impulsive Art kann von anderen Menschen einfach als »zu viel« empfunden werden.

Eine falsche Bewegung

Um dieses Buch zu schreiben, mietete ich mir ein Häuschen auf dem Lande (genauer gesagt: tief im Wald), das in einer für mich günstigen Reiserichtung lag. Unglücklicherweise konnte ich nicht während eines guten Monates dorthin ziehen, sondern erst in einem schlechten. Und folgendes passierte:

Kaum war ich eingetroffen, bekam ich eine schlimme Erkältung. Ich hatte meine Computer-Diskette mit allen wesentlichen Notizen für dieses Buch vergessen – und am Schluß gab mein Computer den »Geist« auf. Obwohl ich am Ende alles wieder im Griff hatte, war ein kostbarer Tag verloren.

Am nächsten Tag meldete sich die Sekretärin, die während meiner Abwesenheit auf das Büro sowie alle wichtigen Angelegenheiten ein Auge haben sollte, krank und erklärte, daß sie sich leider nicht weiter um meine Angelegenheiten kümmern könnte. Ich schaltete einen Telephonservice ein, vergaß aber, dies meinem Partner mitzuteilen. Sodann rief eine Zeitung an, um einen neuen Eilauftrag anzumelden, der in wenigen Stunden erledigt sein mußte – ein weiterer Tag verloren.

Dennoch konnte ich alle Schwierigkeiten bewältigen, da ich ja in die für dieses Jahr günstige Richtung gezogen war, und selbst negative Einflüsse durch falsche Monate oder ähnliches dauern immer nur kurze Zeit – andernfalls stände ich jetzt wirklich »im Wald«, und dieses Buch gäbe es nicht. Die Moral von der Geschichte ist:

Immer nur zur richtigen Zeit in die richtige Richtung reisen. Immer darauf achten, daß man in Harmonie mit den Energien des Universums steht – dann wird alles einfach.

Timing ist wichtig

Es gibt Richtungen, die für Sie während eines ganzen Jahres günstig sind. Innerhalb dieses großen Rahmens gibt es wiederum Monate und Tage, in denen bestimmte Richtungen besonders glückbringend sind, bzw. in denen die günstigsten Zeitpunkte für den Reisebeginn liegen. Verpassen Sie einen dieser Termine, können Ihnen kleinere Mißgeschicke zustoßen, doch ist das nicht weiter tragisch, insofern Sie sich im Großen und Ganzen im günstigen Trend verhalten. Richtiger Zeitpunkt, richtige Richtung – wenn Sie eins mit dem Fluß der Dinge sind, gehen Ihnen viele Dinge leichter von der Hand.

Richtungsbestimmung

Entsprechend dem Geburtsjahr gibt es für jeden Menschen eine besonders günstige Himmelsrichtung. In der Tabelle sind darüberhinaus die zu bestimmten Jahren gehörenden Himmelsrichtungen angegeben, die für einen Wohnungswechsel zu empfehlen sind. Ich habe einige frühere Jahre mit angegeben, damit Sie die Ergebnisse vergleichen können. Berechnen Sie alle Richtungen von dem Ort aus, an dem Sie in

Der Großherzog und das Chinesische Tierjahr

Jedes Jahr beginnt nach dem chinesischen Kalender am 4. oder 5. Februar.

Ratte	2008	1996	1984	1972	1960	*Die Ratte wohnt im Norden.*
Ochse	2009	1997	1985	1973	1961	*Der Ochse wohnt im Nordnordosten.*
Tiger	2010	1998	1986	1974	1962	*Der Tiger wohnt im Ostnordosten.*
Kaninchen	2011	1999	1987	1975	1963	*Das Kaninchen wohnt im Westen.*
Drachen	2012	2000	1988	1976	1964	*Der Drachen wohnt im Ostsüdosten.*
Schlange	2013	2001	1989	1977	1965	*Die Schlange wohnt im Südsüdosten.*
Pferd	2014	2002	1990	1978	1966	*Das Pferd wohnt im Süden.*
Ziege	2015	2003	1991	1979	1976	*Die Ziege wohnt im Südsüdwesten.*
Affe	2016	2004	1992	1980	1968	*Der Affe wohnt im Westsüdwesten.*
Hahn	2017	2005	1993	1981	1969	*Der Hahn wohnt im Westen.*
Hund	2018	2006	1994	1982	1970	*Der Hund wohnt im Westnordwesten.*
Schwein	2019	2007	1995	1983	1971	*Das Schwein wohnt im Nordnordwesten.*

Mit »Großherzog« wird der Jupiter bezeichnet, dessen Position mit chinesischen Tierzeichen beschrieben wird. Man sollte größere Bewegungen nie in die ihm entgegengesetzte Richtung machen. Im Jahre 2000 sollten Sie sich nicht einmal für einen kurzen Urlaub in Richtung Westnordwest begeben, da in diesem Jahr der Drache im Ostsüdosten wohnt. Andernfalls können Beziehungen auseinandergehen oder Geschäftsabschlüsse scheitern.

Die Windrose

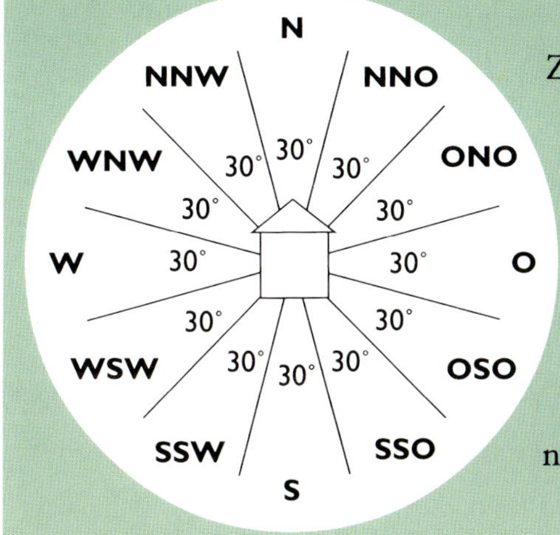

Zwischen den großen Himmelsrichtungen Nord, Ost, Süd und West liegen die Zwischenrichtungen Nordost, Südost, Südwest und Nordwest. Dazwischen wiederum finden sich Nordnordost, Ostnordost etc. Unsere Landkarten weisen in der Regel nach Norden, in China oft nach Süden.

den letzten drei Monaten geschlafen haben. Vertiefende Hinweise zu weiteren günstigen oder zu vermeidenden Richtungen finden Sie in der einschlägigen Fachliteratur.

Die Große Fünf

Im System der fünf Planeten nimmt der Saturn die Position der Fünf ein. Es kann zu große Probleme erzeugen, sich direkt auf die Fünf hin- oder von ihr fort zu bewegen.

In Richtung des Saturn zu reisen wird anken-satsu genannt, was soviel heißt wie »dunkles Schwert tötet«. Ein Unheil kommt plötzlich und überraschend aus einer Richtung, die wir nicht erwartet haben.

Eine Reise auf die Fünf zu nennt man go-o-satsu, »das gelbe Schwert tötet«. Gelb ist die Farbe des Saturn und kann erschaffen oder zerstören. Hier treten Unheil oder Krankheit als schleichende Prozesse ein.

Saturnpositionen

Jahre werden hier nach dem chinesischen Kalender von ihrem Beginn am 4. oder 5. Februar an gezählt.

1978, 1985, 1987, 1994, 1996, 2003, 2005, 2012, 2014, 2021: Nicht nach Nordwesten oder Südosten reisen!

1979, 1984, 1988, 1993, 1997, 2002, 2006, 2011, 2015, 2020: Nicht nach Westen oder Osten reisen!

1980, 1983, 1989, 1992, 1998, 2001, 2007, 2010, 2016, 2019: Nicht nach Nordosten oder Südwesten reisen!

1981, 1982, 1990, 1991, 1999, 2000, 2008, 2009, 2017, 2018: Nicht nach Süden oder Norden reisen!

Die Planeten

Das System der Planeten – auch »Fliegende Sterne« oder »Neun Sterne Ki« genannt – ist eine astrologische Lehre, die aus dem I Ging abgeleitet wurde. Mit ihrer Hilfe lassen sich die Schicksale einzelner Menschen wie ganzer Nationen erklären und vor allem die besten Heilmittel bestimmen, wobei auf so zentrale Bestimmungsparameter wie Geburtsjahr etc. Bezug genommen wird. Daş Universum rotiert in fast genau gleichen Kreisen und Zyklen, deren kleinste Abweichung dabei hilft, kommende Ereignisse vorherzusehen. Gleiche Zutaten, gleiches Rezept, gleicher Ofen, gleiche Temperatur ergeben – hoffentlich – wieder den gleichen Kuchen – und wenn nicht, dann muß dafür ein nachvollziehbarer Grund zu finden sein.

Planetarische Zyklen wiederholen sich in verschiedenen Zeiträumen – aber sie wiederholen sich ganz sicherlich: Es gibt sogar Zyklen innerhalb von Zyklen, die sich gegenseitig überlagern. Manche dauern 25.800 Jahre, andere 13.500, 120, 81, 60 oder 9 Jahre; schließlich gibt es Kreisläufe von 24, 16 oder nur 9 Tagen. Hat man das einmal verstanden, ist etwas klarer, was passiert: Wiederholen sich die Zyklen, so wiederholen sich die Ereignisse. So waren beispielsweise vor Jahrtausenden die ägyptischen wie die Maya-Architekten die besten der Welt, griechische wie römische Erfinder stellten alles in den Schatten – heutzutage aber wäre im Alltag niemand mehr an altgriechischer Theorie interessiert. Die Länder dieser alten Meister sind verarmt, doch auch dieser Zyklus wird sich drehen.

Die neun Hauptplaneten unseres Sonnensystems in nicht maßstäblicher Darstellung. Unterhalb der Mitte der bräunliche Merkur, daneben die wolkenbedeckte Venus und ganz unten die Erde.

Alles auf unserer Welt durchläuft einen solchen Kreislauf. Denken Sie nur an den Kreislauf der Pflanzen:

1. Samen
2. Keimling
3. Blüte
4. Frucht
5. Absterben und Neubeginn

Elemente und Jahre

Der Beginn eines Jahres liegt nach dem chinesischen astrologischen Kalender zwischen Mitte Januar und Ende Februar.

1901	Metall	1922	Wasser	1943	Wasser	1964	Holz	1985	Holz
1902	Wasser	1923	Wasser	1944	Holz	1965	Holz	1986	Feuer
1903	Wasser	1924	Holz	1945	Holz	1966	Feuer	1987	Feuer
1904	Holz	1925	Holz	1946	Feuer	1967	Feuer	1988	Feuer
1905	Holz	1926	Feuer	1947	Feuer	1968	Erde	1989	Erde
1906	Feuer	1927	Feuer	1948	Erde	1969	Erde	1990	Metall
1907	Feuer	1928	Erde	1949	Erde	1970	Metall	1991	Metall
1908	Erde	1929	Erde	1950	Metall	1971	Metall	1992	Wasser
1909	Erde	1930	Metall	1951	Metall	1972	Wasser	1993	Wasser
1910	Metall	1931	Metall	1952	Wasser	1973	Wasser	1994	Holz
1911	Metall	1932	Wasser	1953	Wasser	1974	Holz	1995	Holz
1912	Wasser	1933	Wasser	1954	Holz	1975	Holz	1996	Feuer
1913	Wasser	1934	Holz	1955	Holz	1976	Feuer	1997	Feuer
1914	Holz	1935	Holz	1956	Feuer	1977	Feuer	1998	Erde
1915	Holz	1936	Feuer	1957	Feuer	1978	Erde	1999	Erde
1916	Feuer	1937	Feuer	1958	Erde	1979	Erde	2000	Metall
1917	Feuer	1938	Erde	1959	Erde	1980	Metall	2001	Metall
1918	Erde	1939	Erde	1960	Metall	1981	Metall	2002	Wasser
1919	Erde	1940	Metall	1961	Metall	1982	Wasser	2003	Wasser
1920	Metall	1941	Metall	1962	Wasser	1983	Wasser	2004	Holz
1921	Metall	1942	Wasser	1963	Wasser	1984	Holz	2005	Holz

Auch Metall folgt einem vorhersagbaren Zyklus:

1. Staub wird in einen Vulkan geblasen.
2. Es schmilzt während einer Eruption.
3. Danach kühlt es ab und wird fest.
4. Druck erzeugt Metall.
5. Klimatische Bedingungen erodieren es wieder zu Staub.

Jedes Jahr hat die Erde eine andere Energie. Sie wird beeinflußt durch Gravitation, magnetische und elektromagnetische Erdfelder, Vulkanausbrüche, Stürme und natürlich den Menschen. Oder wie die Chinesen es formulieren: »Es gibt das Glück des Himmels, das Glück der Erde und das Glück der Menschen.«

Der Einfluß der Planeten

Neun Monate lang wachsen wir im Mutterleib heran. In dieser Zeit stürmischer Entwicklung sind wir allen möglichen Arten von Einflüssen ausgesetzt. Wenn eine Frau während Herbst, Winter und frühem Frühjahr schwanger ist, ernährt sie sich vorwiegend von winterlichen Gemüsen und Gerichten. Eine Schwangerschaft im Frühling, Sommer und frühen Herbst ist von Salaten und anderen leichten Lebensmitteln begleitet.

Unterschiedliche Nahrungsmittel wie auch die einzelnen Jahreszeiten wirken sich in spezieller Weise auf die verschiedenen Körperorgane aus. Mit einer geschwächten Lunge wird man sich vielleicht in der feuchten Luft des Herbstes nicht sehr wohl fühlen. Die Lunge wird aber dem Metall zugeordnet, und so ist es in Jahren mit starkem Metalleinfluß möglich, daß sich die Lunge kräftigt und man voller Energie seiner Arbeit nachgehen kann.

Insgesamt ist dies – wie ja auch die uralte Kunst des Feng Shui insgesamt – bei uns im Westen sicherlich ein genauso neues wie weites Feld. Wer hierzu mehr erfahren möchte, findet in einschlägigen Buchhandlungen sicherlich eine reiche Auswahl an vertiefender Fachliteratur sowie der notwendigen Paraphernalia, um diese »Lebens-Kunst« so ernst wie freudvoll auszuüben.

Bildnachweis

Autorin und Verlag danken den folgenden Photographen und Organisationen für die Erlaubnis, ihre Bilder in diesem Band abzudrucken:

1 Elizabeth Whiting & Associates /Tom Leighton; 4-5 Getty Images /William J Herbert; 6 Gross & Daley; 9 Explorer /R Baumgartner; 10 Robert Harding Picture Library /Michael J Howell; 14 Arcaid /Belle /Earl Carter; 16 The Interior Archive /Chris Drake; 18 Getty Images /Rex A Butcher; 25 Camera Press /Christopher Simon Sykes; 27 Edifice /Gillian Darley; 28 The Interior Archive /Simon Brown; 30-31 The Interior Archive /Christopher Simon Sykes; 32 Robert Harding Picture Library /Fritz von der Schulenburg /c Country Homes & Interiors/IPC Magazines; 33 John Glover; 34 Gross & Daley; 38 Edificie /Philippa Lewis; 40 Clive Nichols /garden designer Jane Fearnley-Whitingstall; 41 The Interior Archive /Laura Resen; 42 Tim Street-Porter /designer Kathryn Ireland; 44 Gross & Daley; 45 The Interior Archive /Fritz von der Schulenburg; 48 Marco Ricca /Clodagh Design; 50 Belle Magazine /Simon Kelly; 51 The Interior Archive /Simon Brown; 54 The Interior Archive /Simon Brown; 56 Camera Press /Appel; 57 Abode/Trevor Richards; 61 Colin Walton; 62 The Interior Archive /Chris Drake; 63 Tim Street-Porter /interior designer Sandy Gallin; 65 Elizabeth Whiting & Associates /Tom Leighton; 69 Andrew Lawson; 70 The Interior Archive/Fritz von der Shulenburg (Stephanie Hoppen); 72 Colin Walton; 75 Pia Tryde; 76 Elizabeth Whiting & Associates /Jean-Paul Bonhommet; 77 Elizabeth Whiting & Associates /Simon Upton; 81-82 Elizabeth Whiting & Associates /Rodney Hyett; 83 Marco Ricca /Clodagh Design; 87 The Interior Archive /Fritz von der Schulenburg; 88-91 Simon Brown; 92 Edifice /Gillian Darley; 94 Andrew Lawson; 95 Jerry Harpur /garden designer Bob Dash, Long Island; 98 John Glover /garden designers Julian Dowle & Koji Ninomiya; 100 Elizabeth Whiting & Associates /Rodney Hyett; 101 Edifice /Philippa Lewis; 102 Clive Nichols; 104 Abode/Ian Parry; 105 Edifice /Philippa Lewis; 106-113 Colin Walton; 114 Michael Garland /designer Mimi London; 115 Colin Walton; 117 Ray Maine/Mainestream; 119 Andrew Lawson; 124 Science Photo Library /Magrath Photography; 131 Colin Walton; 132 Getty Images /World Perspectives; 136 Science Photo Library /Lynete Cook.